# 美大の先生と巡る世界と地球の建築

## デザインから読みなおす歴史と環境

岸本章 著

# まえがき

私は長年、美術大学で建築のデザイン教育にかかわってきました。建築は日本では「理工系」的な存在と思われていますが、同時に芸術性や文化的、宗教的背景などを無視してはありえない「文系」的な存在でもあります。
建築のデザインとは、美しさだけでなく、人間が生きるための器として、人間の居場所として、いかにしてそこに存在するかを考える作業であると伝えてきたつもりです。

学生たちを見ていると、世界遺産のような歴史的建築物はあらかじめ当然のように存在していて、現代の建築のようにだれかが設計しているという実感をもって見てはいないことを感じていました。自分自身も学生時代、古代や中世の建築物を、デザインという観点では見ていませんでした。しかし、千年前の名建築でもだれかが考え、悩み、迷い、かっこよさを求めて試行錯誤したデザイン行為の結果なのです。その意味では現代の建築家、デザイナーの仕事とまったく同じです。

建築様式が時代とともに変化するとき、たいした必然性はありません。簡単にいえばデザインに飽きるだけです。新しい何かが欲しくなるだけです。そしてやりつくしてしまいネタがなくなるとリバイバルが生まれるだけです。建築史はデザインから見るとそれほど高尚なものではないともいえます。ひとつのかたちが決まるのは合理的な理由だけではありません。そのかたちが選択されなかった可能性もあり、まったく違うかたちでそこに存在した可能性もあるのです。

私は子どものころから旅行が好きで、特に風景を見ることが大好きでした。建築を学ぶようになってその学びが風景とは切り離されていることを感じてきました。教員になった後に所属する学科が建築科から環境デザイン学科になったことで、改めて建築だけ見ていてはわからないことがたくさんあることに気がつきました。この環境デザインという見方は最近のものではなく、古代から世界中で行われていたことで、ずっと続いていたのです。日本には普請という言葉があります。建築、ランドスケープ、土木まで環境のすべてをつくることです。これが環境デザインに一番近い日本語かもしれません。

本書は七つの章で構成されています。1章から3章までは「建築は何を語り、何を伝えてきたか」、4章、5章は「つくり手は何を悩み、考えてきたか」、6章、7章は「生き続ける建築」というテーマでまとめています。悩みながらデザインしていた先人たちの姿とその痕跡を楽しんでいただけたら幸いです。

二〇二四年 一月

岸本 章

## 2章　インテリアデザインと建築

## 4章　常識を超える

## 5章　美意識とデザイン作法

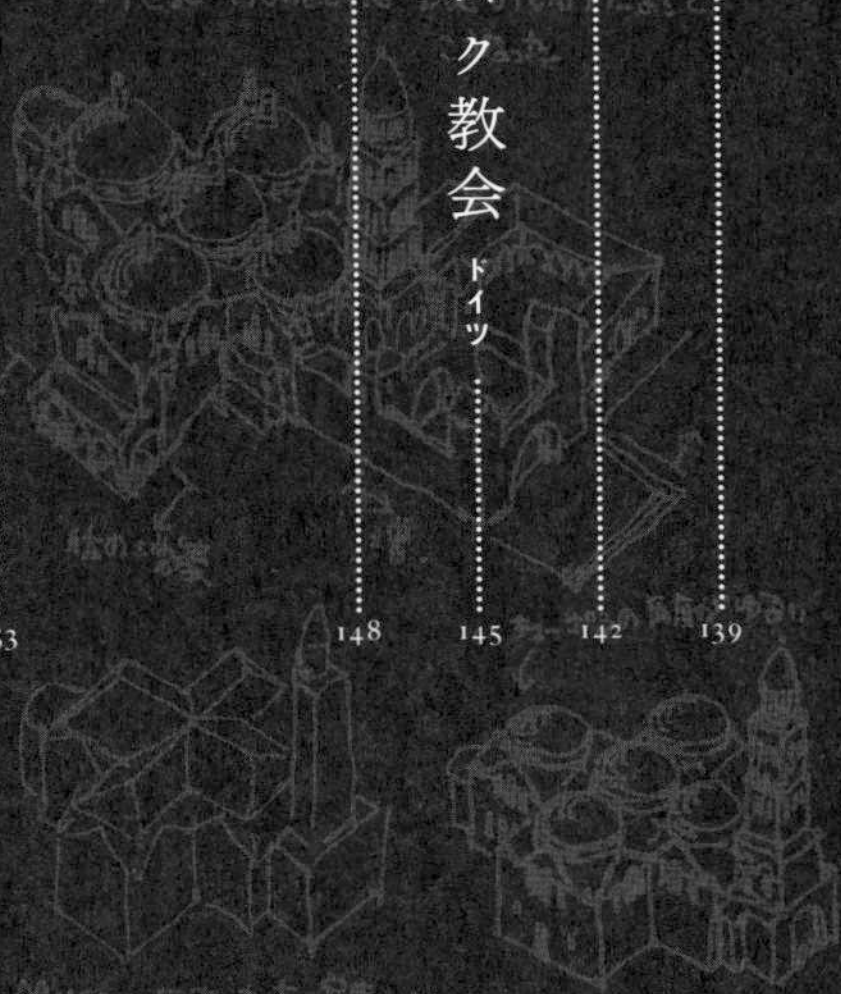

## 6章 常識の継承

## 7章 したたかに生きる建築

撮影　岸本章
ブックデザイン　吉岡秀典＋佐藤翔子＋平良佳南子（セプテンバーカウボーイ）

# 1章 ランドスケープデザインと建築

Temple of Luxor.
Khopshef.
Sec.
スフィンクス
ここのはパリのコンコルドに在る
夕方、ナイル河沿いのレストラン
ひと休み。
すずしくて きもち良い。
をまぜてある。
日本人たくさん来る。
LUXORでは 行きの列車で
王家の墓でカップル 2組
RAMSES VI
Amenophis II
Tutankhamon.
KARNAK.
かなり大きな神殿。
柱が大きく 文字がきざまれている
この柱頭は美しい。
スフィンクスが並んでいる

ランドスケープデザインという言葉は比較的新しく、建築とは分離して考えられることもある。しかし環境を読みとり環境全体をつくるという発想、ランドスケープデザイン的手法は古代から世界中に存在していた。周囲の地形、気候、植生、文化的背景、さらに目に見えない呪術的な力まで、あらゆる環境条件を読みとらなくては何もつくれなかったという歴史のほうが長い。人が生活する場所を決め、そのための設えを置くとき、まず考えなくてはいけないことであった。

ランドスケープは建築に付随するものではなく、そこで建築をはじめるきっかけになるものであり、その環境があってこその建築であり、建築と同時にデザインされるべきものである。

# 前例を超える借景

## ハトシェプスト女王葬祭殿（エジプト）

ハトシェプスト女王は紀元前十五世紀、古代エジプト初の女王で壁画には男装した姿で描かれている。この葬祭殿を設計したのは建築家センムトで、政治家でもあり、また女王の愛人であったという説もある。クライアントである女王から依頼された内容は「神話上で神々の故国とされているプント国のミルラの木が植えられた台地を暗示するような、**現世におけるアメン神の宮殿を創れ**」という内容であった。紀元前一四六八年に完成、工期は二十二年であった。ピラミッドという先行するモニュメントに対して、センムトは**今までとは異なるまったく新しいデ**

水平垂直の構成と崖の対比も見どころ。

背景の立ちはだかる崖があってこそのデザイン。

**ザイン手法で実現させた。**まずこの土地、この地形を選択したところが革新的である。背景である高さ約百メートルの崖の垂直性ときわめて強い水平性をもつ建築物の対比、しかも、緩い自然の勾配を利用した二重の基壇によって構成される建築は、廊下の積み重ねといえるような奥行きのない建築で、内部空間よりファサードの荘厳さを重視している。前庭にはスフィンクスと椰子の並木が並ぶ参道があり、その手前両側には池があったという。そこには背景の崖が映り、高さが二倍になって見えていただろう。建築物そのものの

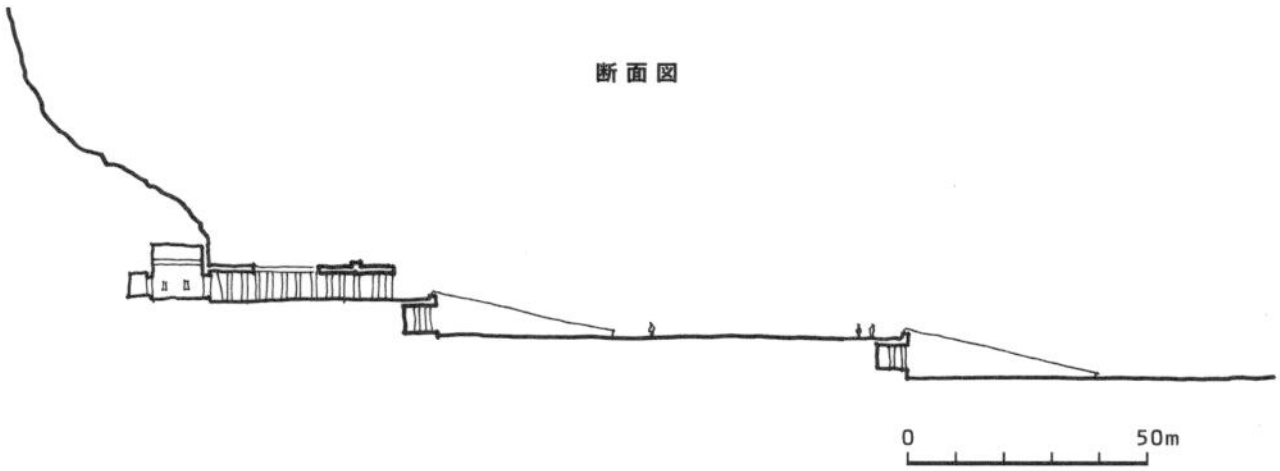


正面から見ると広い3層の建築に見えるが、内部空間はきわめて少ない。

大きさと背景や池によって増幅されるスケールとのギャップが興味深い。**ランドスケープと建築を一体のものとしてデザイン**している。先行するモニュメントとしてはピラミッドがすぐに思い浮かぶが、ギザのピラミッド複合体はこの葬祭殿の千年も前の作である。しかし当時まだ、ピラミッドの表面には平滑に仕上げられた石材が残っていて、現在よりさらに強いモニュメントとして存在していたことは間違いない。強力なモニュメントをデザインすることが求められたときに同じ方法で考えなかったところがおもしろい。ピラミッドより手間をかけずにそれに匹敵するモニュメントを完成させたそのアイデアとデザイン力はすばらしい。

二〇〇七年、身元不明であったミイラがハトシェプストのものであることがわかった。五十歳前後で死亡、謀殺説もあったが癌の可能性もあるという。女王の死後、政権についたトトメス三世は女王にかかわる壁画や銘文を削り取るなど一部を破壊したが、葬祭殿そのものは残った。

# 環境の神性を読む

## ダラム大聖堂（イングランド）

イングランド北東部のダラムはロンドンの北約四百キロメートルの古い都市である。北へ向かう車窓は緩やかな起伏がある草原に時々白い羊が見える景色がずっと続いているが、急に緑が多くなったところでダラムに到着する。

ダラム大聖堂の立地は**特別な土地の力を読みとっているとしか思えない**。ウェア川はこの地で急に蛇行し、その間に台地をつくっている。**何か建ててくださいと言っているような地形**であるその台地の上に大聖堂がそびえている。またこの付近のウェア川は見た瞬間、伊勢神宮の五十鈴川を思い出してし

清らかな川と森、その上に顔を出す塔、このロケーションが神聖さを強調している。

まったほど、神聖な雰囲気がただよっていた。

一〇九三年に修道院とともに建てられた大聖堂はロマネスク様式のなかのノルマン様式の代表格であるが、交差リブ・ヴォールトをもち、ゴシック様式の先駆でもあり、後に増築により巨大化していった。

創建は伝説によるとヴァイキングに襲撃されたリンディスファーン修道院から逃れた僧たちが聖カスバートの棺と遺物を持って彷徨っていたところ、ふたりの少女が現れて道を先導していったという。ウェア川が蛇行したこの土地に着いたとき、聖カスバートの棺が動かなくなったという。**「この地に**

塔から見下ろすと周囲には森が広がる。その外側はなだらかな草地。見えている2本の塔はゴシック期の増築。

**教会を建てるべし」**という神のお告げと解釈し、ダラム大聖堂が生まれたという。

現在廃墟になっているリンディスファーン修道院は七世紀創建のケルト系キリスト教の修道院で、北部イングランドのキリスト教化の拠点でもあった。自然崇拝の多神教であったケルト人がキリスト教を受容し、ケルト教会となるが、ダラム大聖堂の敷地選定にはまだケルト的な地霊の読みとりが働いていたと想像できる。

もっとも敷地の選定にあたっては、防御のために有利な地形を選択したという説明のほうが合理的だろう。ヴァイキングの襲撃から逃げてきたのならなおさらである。しかし、当時地形がもつ戦略上の利点は土地の霊がもつ力と同等の意味をもっていたのではないだろうか。

**環境をデザインする行為は環境を読みとるところからはじまる。**教会なのにその環境に神社のような空気を感じるのは、土地の霊的なパワーの読みとり方が似ているからであり、初期ケルトが多神教であったことと関係があるのかもしれない。

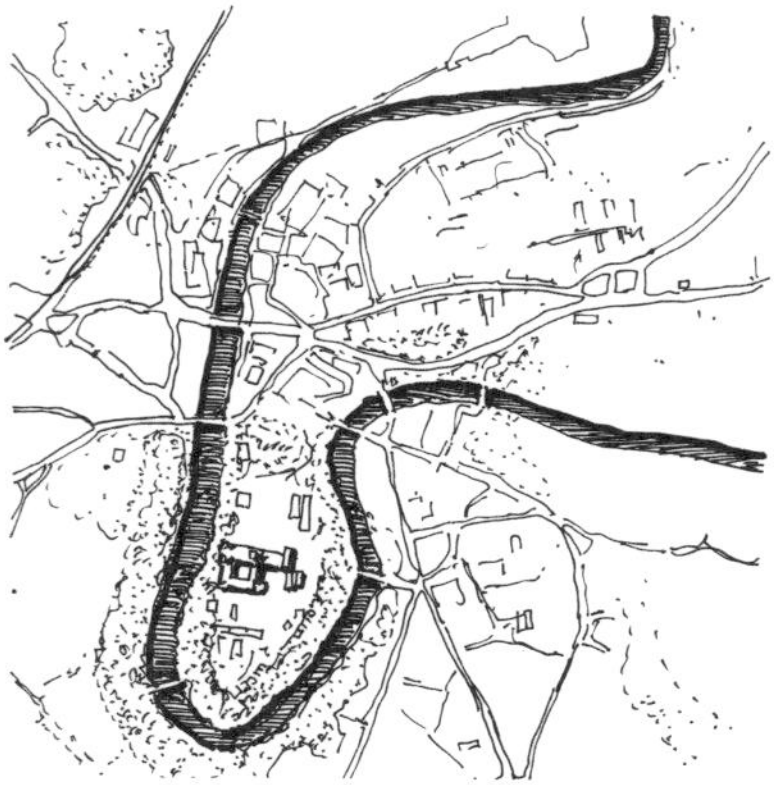

蛇行する川にはさまれた台地が大聖堂の敷地。地形が訴えているような特別な環境。

# 地形の力を読む

## メテオラの修道院群（ギリシア）

メテオラの修道院群はギリシア北部テッサリア地方の奇岩群の上につくられたギリシア正教の修道院である。砂岩や礫岩の台地が長い年月をかけて侵食されてできた奇岩が林立する地域で、これを見ただけで**土地にパワーを感じるような場所**である。

九世紀にはすでに修道士が住み着いていたというが、単独の修行で、修道院が建つのはもう少しあとのことだ。最盛期十六～十七世紀には三十三の修道院があった。十四世紀から十六世紀にかけて創設された六つが現在も活動中である。この地域がオスマン帝国に支配されていた時期もあるが、異教に対して寛容だったので、途切れることなく修道院の活動は続いていた。

当初、修道院への行き来は、崖に掛けられた縄梯子を登るか、上から吊られたロープで上げ下げしていた。その様子が描かれた絵によると梯子は常設ではなく、必要な時だけ掛けていたようで、**地上から隔絶していることが重要**であったようだ。岩に階段が彫られたのは一九二五年以降のことだ。

現在も荷物は巻き上げ機から下げられたロープを使っているが、世界遺産に登録されて以来、ふもとに駐車場も完備し、観光客が増加している。しかしそのためにここを離れる修道士が増えつつあるという。

世俗から離れて修行生活をする場を探す者にとって、人が少なく、山奥の目立たない土地を選びそうだが、山頂の利用はとても目立つ。ここはむしろ**俗から隔離されているハードな生活**であることを見せることで、厳しい修行を強調しようとする意識が働いているのかもしれない。かつては設計者も施工者も修道士であり、施工自体も修

ヴァルラアム修道院　1541年の建築。

アギア・トリアダ修道院　1475年の建築。右はるか下にふもとの町カランバカが見える。左端の切妻はロープで上げ下げするクレーン。

行であったのかもしれない。現在は電気も水道もあり、それなりに普通の生活は送れているようだが、当初から現在に至るまで、それぞれの時代の平均レベルと比較して、どこまでが必須の設備で、どこからが修行上不要な設備なのか、生活空間をデザインするための前提条件の設定は難しかったことだろう。

**建築をつくるときに極限まで不便な土地を選ぶ**というのは宗教建築特有の発想だが、そこにつくろうと思うこと、実際にそこにつくること、そしてその状態を維持し続けることまで含めて**環境をつくることに対する執念**を感じる。

# 高さに神性を読む

## ゲルゲティ・サメバ教会（ジョージア）

ジョージアは二〇一五年まで日本での呼び名はグルジアであった。これはロシア語名から英語名に変わったということで、現地語による国名はサカルトヴェロである。コーカサス山脈の南にある小国だが、四世紀にはすでにキリスト教が国教となり、ジョージア正教として多くの教会がつくられてきた世界で最も古いキリスト教国のひとつである。正教会では教義が同じでも地域名を冠する呼び方をするので、十九世紀、ロシア帝国に併合されるとロシア正教となった。続くソビエト時代は宗教活動そのものが制限されてきた。一九九一年ジョージア独立以来、教会の復興は進み、その

素朴な集中式プランの正教会。十字架が光る。

頂上に教会が建つクヴェミムタ山。教会があって初めて景観が成立するかのようになじんでいる。

力を取り戻している。

ジョージア正教の教会のなかでも最も美しいロケーションにあるのは十四世紀に建てられたゲルゲティ・サメバ教会である。平面は東欧の正教会に共通する集中式のプランであるが、その立地が変わっている。この教会はジョージア北部、ロシアと国境を接するコーカサス山脈、標高五千メートル級のカズベキ山のふもと、標高二千百七十メートルのクヴェミムタ山の山頂に建つ。木がほとんどない山の頂上で、背景には壁のように立ちはだかる山々が見えるというき

ふもとの村から見上げたところ。左に並ぶのは鐘塔。

わめてダイナミックな景観の中にある。
現在ゲルゲティの村は合併でカズベキとなっているが、教会はそのままゲルゲティ・サメバ教会と呼ばれる。サメバとは三位一体の意味である。ふもとの村から未舗装の悪路を四輪駆動車で登るというアプローチで、毎週ミサに通っている人がどのくらいいるのだろうかと思わせるような不便な立地である。

ジョージアの教会はほかにもムツヘタのジュワリ教会のように山頂に建っている例が少なくない。これはジョージアの建築史家ヴァフタング・ベリゼによれば**「建築と環境の有機的交流」**とされ、山並みと建築の調和、高い山を背景にして現れること、遠くからも見えることがジョージアの教会建築の特徴とも言っている。改めてゲルゲティ・サメバ教会を見ると山の稜線の延長が屋根につながっているようにも見える。**自然の景観の中に手を加えずにそっと建築を置いている**だけだが、木が少ない岩肌と同じ石材であることから山も含めて同時にデザインしているかのような一体感を見せている。

# 修行の場の演出

## 懸造

懸造《かけづくり》とは高低差のある敷地で斜面に張り出した床を崖下から柱で支える構造で、舞台造とも呼ばれる。懸造は観音信仰と結びついて登場する。観音信仰は宗派を問わず広く衆生を救うとして古くから信仰を集めていた。平安時代になって観音霊場が多数開かれるが、その立地は観音菩薩が降臨するとされた補陀落山《ふだらくせん》に見立てた山の中に置かれることが多かった。また修験道と結びついた密教寺院が修行に適した険しい山中に寺院をつくるようになり、懸造が採用されるようになっていった。**山の中という立地が重要な条件になったことでそれを表現し、その地形を強**

笠森寺観音堂　巨大な岩の周囲に脚を伸ばす。

**調する方法**として懸造が発達していったともいえよう。

懸造で有名なのは京都の清水寺だが、断面図で見るとご本尊である観音像の真下は空中ではなくちゃんと地面がある。奈良県の長谷寺も参道から見上げるとまるですべてが浮いているようだが、やはりご本尊の真下は地面である。珍しい四方懸造である千葉県の笠森寺観音堂もかろうじてご本尊の下は岩になっている。懸造の多くは寺院すべてを空中に浮かせることはせず、参拝するための礼堂部分だけが懸造になっている。

懸造は山岳寺院の迫力ある景観を生み出す力になっていて、参道から見上げても。上から眺めても周囲のランドスケープを活かした造形といえる。

奈良県、室生寺金堂の懸造はどうだろうか。斜面に建つこの金堂は平安時代初期の建立で、懸造になっている礼堂部分は後の増築で

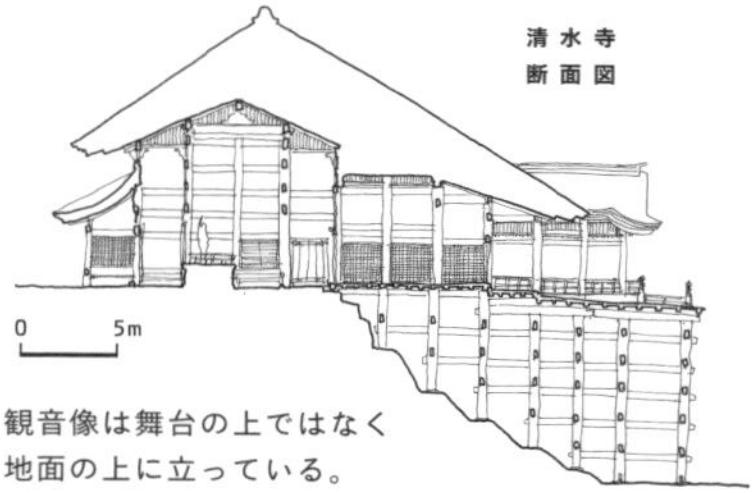


観音像は舞台の上ではなく
地面の上に立っている。

清水寺本堂　建物全体が浮いているように見えるが、
観音像の真下は山の地面。

上醍醐寺清瀧宮拝殿　西国三十三所の観音巡礼で一番険しい札所としては、なんとしても山の中を演出したかったのかもしれない。

ある。この高さは懸造にしなくても石垣を高くするなどという選択肢もあるなかで、ここはあえて懸造にしているように見える。参道を下から見上げながらここに到達するというアプローチと視線に配慮したデザインである。京都府の上醍醐寺清瀧宮拝殿なども懸造にしない選択が可能な土地なのに崖に張り出して懸造にすることで迫力を演出しているように見える。

宝生寺金堂　懸造にしなくても成立しそうだが、登ってくる参拝者の視線を考えている。

懸造を採用する理由は**山の中の厳しい条件の土地にあることを演出するため**であり、山の斜面に絡めた配置をすることで、山と建築を一体の環境としてデザインしている。

# アプローチのデザイン

## 一乗寺（日本）

兵庫県加西市の一乗寺は国宝三重塔を有する天台宗の寺院である。創建時は現在とは別の場所にあったらしく、平安時代末期に現在地へ移転されたようだ。密教寺院は山の中の地形を巧みに利用して建物を配置することが多い。一乗寺でも急な石段を上るアプローチが待っているが、その**伽藍配置には卓越したランドスケープデザインのセンスが見られる。**

境内の入り口に山門はなく、かなり離れたところに簡素な門がある。門から突然境内に入るのではなく徐々に気持ちを高めるようにする演出という可能性はないだろうか。

常行堂の横を過ぎて三重塔を間近に見ながら上る。

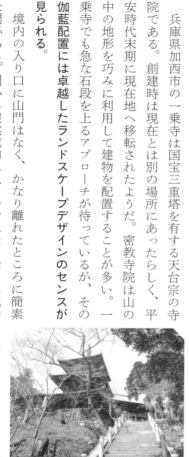

本堂と三重塔は角度をつけて配置されている。

石段を上ると左手に常行堂があり、その先にある次の石段を上り、そこから振り返ると常行堂の屋根の宝珠が真横によく見える。そして三重塔を見上げながら塔の足元に到達する。この三重塔は一一七一年の建立で、その年代が確実な塔としては最古のものである。この塔を左に見ながら本堂（大悲閣、金堂とも呼ぶ）へ向けて次の石段を上る。つまり石段を上りながら塔を見ると**ドローンで上昇しながら見るようなアングル**で、塔の間近を下から順になめるように見ることができる。この塔は逓減率（初重から上へ向かって小さくなる率）が大きいことでも知られているが、これも間近で見ながら移動することを意識してのことかもしれない。石段を上りきったところでは塔の最上層が真横に来ている。さらにその先に本堂があり、その懸造の足元を左手に見ながら上り、外陣に入ってから舞台に出ると三重塔を見下ろす絶景が見える。この距離、この高さから塔を見られる寺院は珍しい。本堂は三重塔とはかなり角度をつけて配置されていて、塔を斜めから見るように演出されている。さらにこの塔の最上層の屋根には微妙な曲線ではあるが膨らみと反りがある「照りむくり」が施されている。**明らかに本堂から塔を見るアングルを意識している。**常行堂、三重塔、本堂と段々と高さを上げて上っていく配置は基本的にはこの山の地形にしたがったものではあるが、各堂塔同士、また石段との距離感や配置の角度は絶妙で、視界の変化、遠方の見晴らしと近景との関係など、高度なランドスケープデザインが介在している。

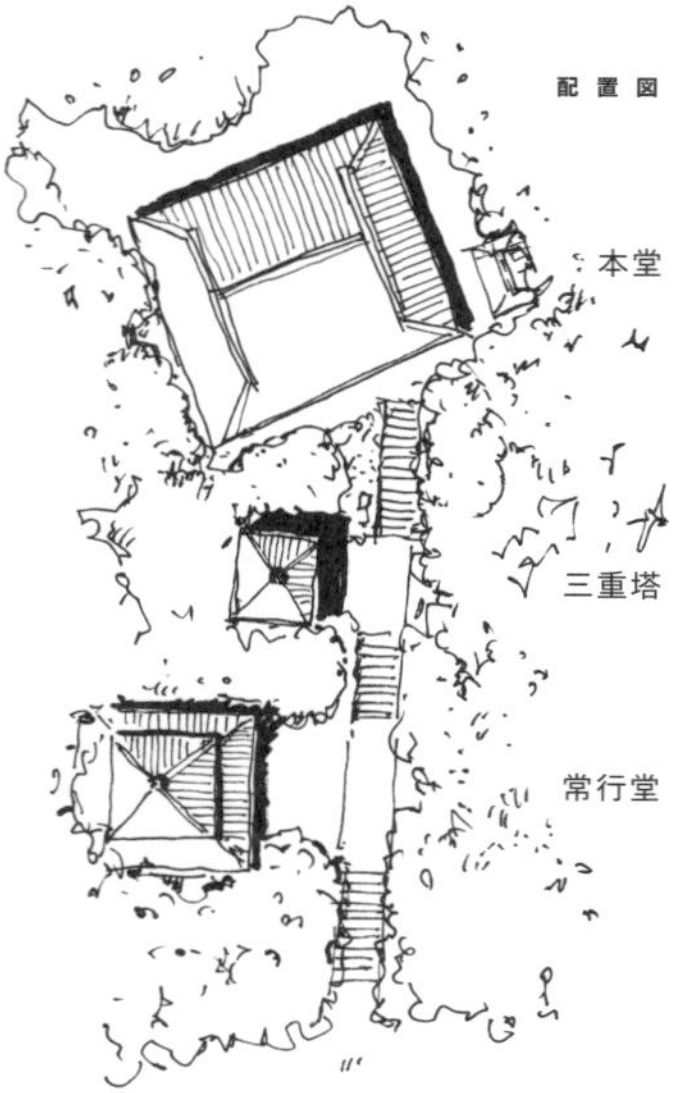

本堂からこのアングルで見られる塔は珍しい。屋根の照りむくりはそれを意識してのデザイン。右下は常行堂。

# 微地形の演出

## ヴォー・ル・ヴィコント（フランス）

ヴォー・ル・ヴィコントは十七世紀フランスバロック様式を代表する城館で、パリの南約四十キロメートルにあり、ルイ十四世の財務大臣であるニコラ・フーケによって建てられた。建築はルイ・ルヴォー、ランドスケープデザインはル・ノートル、インテリアデザインは画家のル・ブランと三人の協働によってつくられた。

一六六一年、フーケはこの城館のオープニングにルイ十四世を招待し、盛大なパーティーを開催した。しかし、ルイ十四世は嫉妬し、三週間後フーケを罪状不明のまま投獄し、邸宅を没収してしまった。そして設計にかかわった三人をヴェルサイユ宮の造営に従事させた。フーケは十九年後に獄死してしまっている。つまり彼は竣工した自分の家にわずかな期間しか住んでいなかったことになる。しかしそのことによって当初のデザインが改造されることなく残る貴重な遺構となったのである。

強い軸線をもつ広大な庭園は**微地形を活かしたデザイン**で成り立っていて、庭園内を歩くとそれぞれ立った場所から見える景色が刻々と変化する。まず城館の前から庭園を歩くと緩い勾配で噴水に向かって下る。噴水を過ぎると再び緩い勾配で上る。つまり噴水が勾配の底にあり、庭園の中心として存在感を強調する構成になっている。さらに進むと四角い池に出る。ここからは水面に映る城館が見える。しかし先ほどの噴水の水面はほとんど見えない。その直後に運河に流れ落ちる滝がある。軸線と直交するこの運河は一段低いところにあるので、城館の前からはまったく見えない。滝の向かい側にあるグロット（洞

④運河を越えて上ると円形の池があるがそこからは運河は見えない。

⑤芝生の丘を少し上ると円形の池も見えなくなる。

⑥一番奥まで行くと周囲の幾何学的な造形はなくなり、森の間から遠くに城館が象徴的に見えるという別の景色になる。

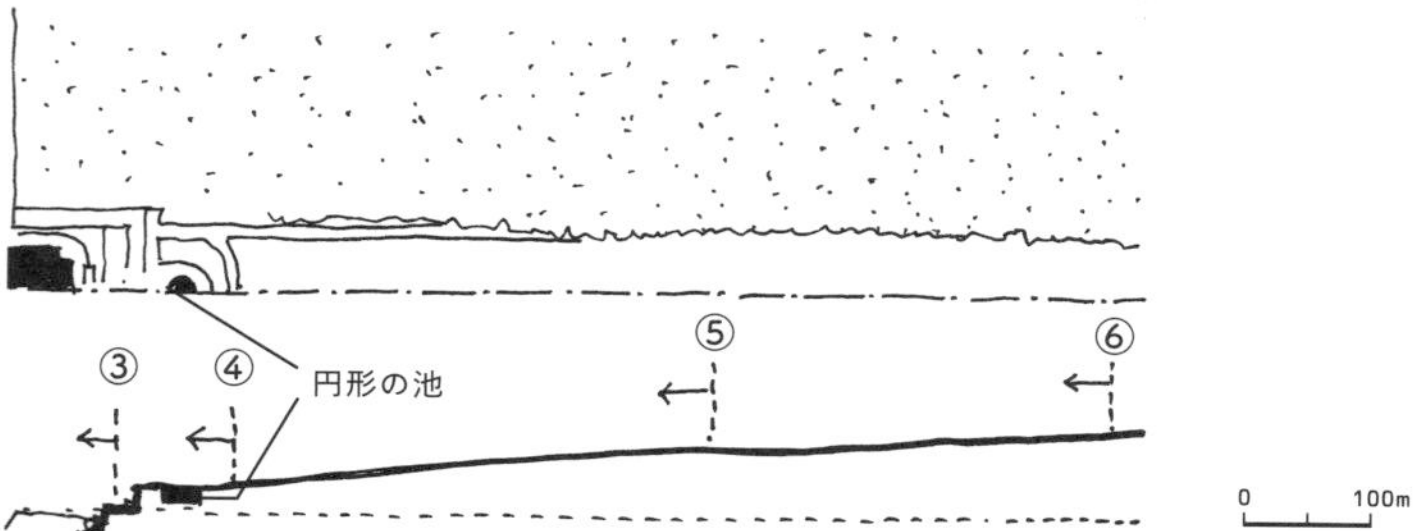


配置図と高さ方向を誇張した断面イメージ図。
わずかな起伏で見えたり見えなかったりする。

窟状の造形）を上ったところからは滝の背景に城館が見える。再び進むと別の池があり、振り返ると池越しに城館が見えるが、そこからはもう今通ってきたグロットも運河も見えない。さらに上るとその池も見えなくなる。その先の芝生を上ると両側から森が迫ってくる。坂であることをほとんど意識させないほどの緩い勾配によって、見えたり見えなかったりを繰り返し、遠景と近景が次々と入れ替わる。

平面幾何学式庭園とも呼ばれるフランス式庭園は日本的な造園センスとはかけ離れているが、そのプランニングをアイレベルで体験すると**人間の視線を巧みにあやつる繊細な感覚**でデザインされていることがわかる。

①庭園側から見た城館。中央に楕円形のドームがある。

②噴水の池を通り越し四角い池から城館を見る。この距離から見ると城館のドームは近くで見上げた姿とは別のものに見える。

③一段低い運河越しに城館を見る。手前は運河に流れ落ちる滝。

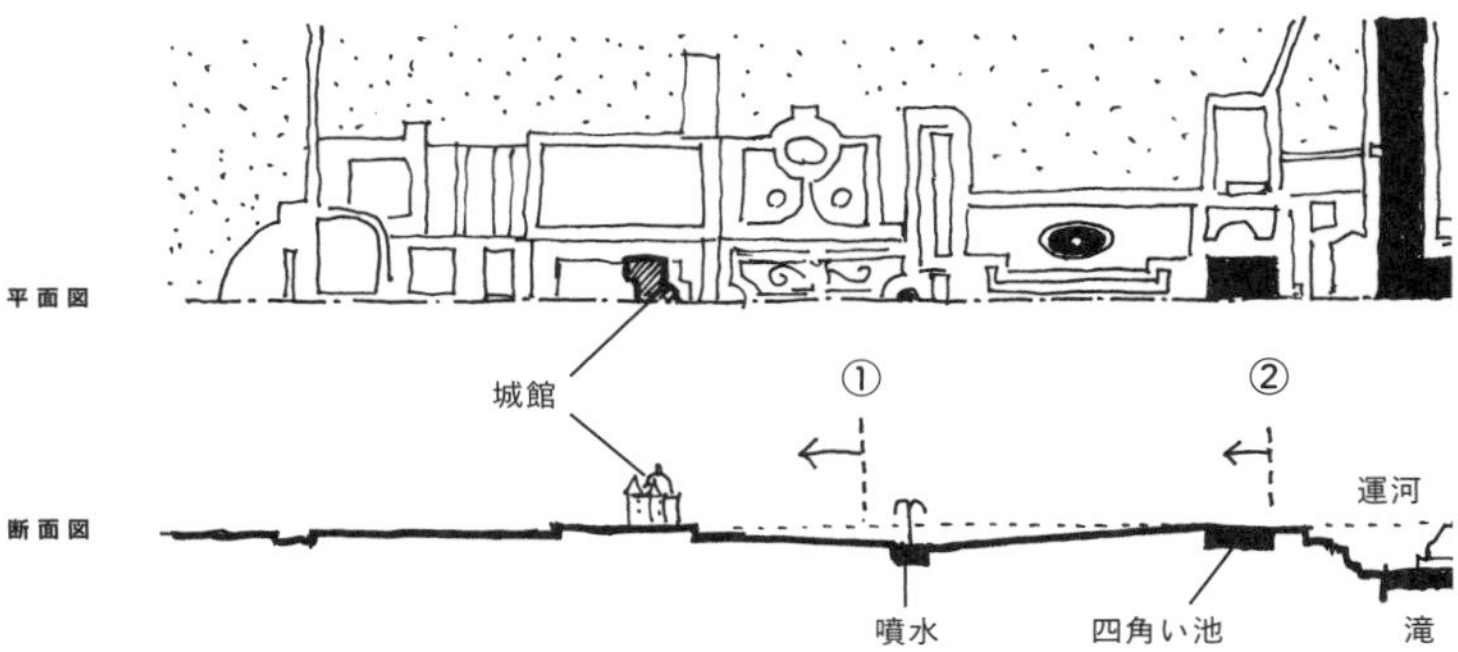

# 極楽浄土の可視化

## 浄瑠璃寺（日本）

京都府木津川市の浄瑠璃寺は、平安末期の浄土庭園の雰囲気を残す遺構として貴重な存在である。

浄土信仰が高まった平安時代、阿弥陀如来を祀る阿弥陀堂が多数つくられた。そのなかでも阿弥陀如来ばかり九体並べた九体阿弥陀堂《くたいあみだどう》が流行し、記録がわかるものだけでも三十数例存在したが、現存するのは浄瑠璃寺本堂だけである。九体という数は極楽浄土に往生するために九つのパターンがあるとする九品往生《くほんおうじょう》になぞらえているようだが、ただ単に九体の阿弥陀様が並ぶ迫力ある景観をつくりたいという思いからの発想ではないだろうか。極楽浄土を表現した庭園は、

池に面するシンプルな本堂。かつては檜皮葺きであった。

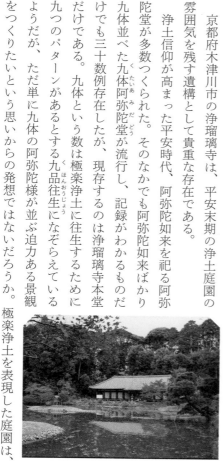

9体の阿弥陀如来は池にその姿を映すように置かれている。(筆者による合成画像)

本堂や三重塔とセットになって、一体のものとして考えられている。本堂は外陣にあたる部分が狭く、ここは扉を開けて庭園から、あるいは池の反対側から水面に映る像とともに参拝するような距離感で考えられていて建築単体ではデザインされていない。

本堂はシンプルな寄棟である。江戸時代に中央部の向拝が付加され、檜皮葺きから瓦葺きに替えられた記録があるので、当初はさらにシンプルな建物だった。天井は構造材を見せる化粧屋根裏で、阿弥陀如来に合わせた勾配をつけて視線がその顔に向かうように方向性がデザインされている。また中央の一体は大きく、その部分だけ天井を上げている。庭園側の扉は現在あまり開けることはないが、ここをすべて開放して庭と一体化することが重要で、「本堂＋庭園」ではなく**「庭園にある阿弥陀如来に屋根がかかる」**という関係に見える。

池の中島にある小さな弁天社が本堂と向き合う。

寺の創建は一〇四七年とされるが、現在の本堂が建ったのは一一〇七年、しかし一一五七年に寺内で移築されたという記録があり、さらに三重塔は京都のどこだかわからない寺院から移築されている。塔内には現世の疫病や災難から守る薬師如来が安置されていて、極楽浄土の阿弥陀如来と池をはさんで向き合っている。浄土庭園は試行錯誤を重ねて配置が考えられ、整備されてきたようだ。

本堂も塔も単体の存在感は決して大きくない。あくまで庭園の一部であり、**極楽浄土を再現するという環境そのものを見据えたデザイン**をしている。

# 庭園と建築の相互貫入

## 園城寺光浄院客殿（日本）

滋賀県にある園城寺は天台寺門宗の総本山で通称三井寺として知られる。その子院、光浄院客殿は、園城寺の僧で瀬田城の城主でもあった山岡道阿弥《どうあみ》によって一六〇一年に建立された。外観は一重入母屋造、蔀戸が並ぶファサードはセンターを庭園側にずらしたところに軒唐破風付きの入り口をつけてシンメトリーをはずしていて美しい。内部は狩野山楽作の障壁画があり、床や違い棚など後の日本の住宅建築の空間に大きな影響を与えている。書院造の傑作、あるいは主殿造がはじまった建築として国宝に指定されているが、ここでは**建築とラ**

センターをはずした入り口は左側にある庭園の大胆な構成を暗示させる。

池は縁の下に入り込み一体となっている。内部と外部の境界線はない。

**ンドスケープをつなぐデザイン**に注目してみる。客殿の前の斜面に迫る庭園は国指定の名勝で、軒下の縁がその庭園の池の上にせり出して、建築と庭園の中間領域をダイナミックに表現している。それをさらに強めているのが庭園に面してL形に張り出した縁側でその入隅に柱がないことである。大梁に小梁が載ることでそれを可能にしているのだが、そこに柱があっても機能上はまったく問題ない。しかし柱がないだけで軒下の空間と庭園としての外部の境界線を消している。これは**現代の建築で出隅に柱やサッシのフレームを設けずにフィックスガラスの突き合わせにするのと同じ理由**といえそうだ。この境界線は広縁と一段下がる落縁によってグラデーションがつけられること、縁の下に池が入り込んでくること、また庭園に開き戸だけのための袖壁が突き出していることなど、いくつもの要素によって**建築と庭園の両方にやさしく包まれる空間**を用意している。さらに広縁の突き当たりには付け書院があり、造り付けの机が設けられた小部屋からは奥にある小さな開口を通して庭園を見ることになり、また別の楽しみ方を提供している。

建築の外部空間としての庭園ではなく、庭園を鑑賞するための建築という関係でもなく、庭園と建築が一体の環境として貫入しあうようにデザインされている。

園城寺にはとてもよく似た勧学院客殿もある。光浄院の客は武士で、勧学院の客は僧侶という違いがあるが、いずれも客人をもてなす建築であり、**客人を喜ばせ、驚かせ、感動させるため****の設え**に徹している。その発想は**現代のリゾートホテルの空間演出と似ている**のかもしれない。

L形の縁側の角には柱がない。開き戸のための袖壁が庭に張り出す。

# 隣接する日常と非日常

## イブン・トゥールーンのモスク（エジプト）

イブン・トゥールーンのモスクはカイロの旧市街に埋もれるようにして建つエジプトに現存する最古のモスクである。アフマド・イブン・トゥールーンによって、八七六年から八七九年にかけて創建された。

サフンと呼ばれる正方形の中庭を囲んで列柱空間があり、その外側、壁の外にジャーダと呼ばれる空間があり、町との間の緩衝空間になっている。かつてはここに沐浴施設があったようだが、まず高い壁に囲まれたジャーダに入るところで、雑踏の喧騒からひとつ意識を変える効果がある。そしてジャーダからさらに壁の内側に入るところで階段を上

中庭は一辺92メートルの正方形で、中央には彫刻的な泉亭が建つ。ミナレットはらせん状で、イラクのサーマッラーのモスクのスタイルが採用されている。

右の雑踏から緩衝空間であるジャーダを通り、気分を変えてさらに階段を上って左の聖なる空間へ入る。

り、またひとつ意識が文字通りステップアップする。**日常の喧騒から聖なる空間へ入るための演出**がデザインされている。モスク自体はメッカに向かう強い方向性があるが、このジャーダの外壁には大きなメインゲートはなく、多くの入り口が町に開いている。これは礼拝のとき大勢の人が同時に出入りできることを考慮しているとも考えられるが、外壁を見ている状態ではあえてメッカへの方向性を強く意識させないことで、聖と俗の差を強調しているようにも思える。

構造はレンガ造で、屋根は木造である。エジプトには石造の歴史があるが、ここでは当時最先端であったイラクのスタイルが採用されている。イブン・トゥールーンは現在のウズベキスタン、ブハラの出身であり、イラクのサーマッラーで育ったことも関係していると思われる。柱は角柱の四隅に細い付け柱を配するスタイルである。この整然とした繊細な列柱に囲まれた中庭の神聖さはそこに至る二重の壁とともに、**気持ちを高揚させるデザイン**になっている。

繊細な装飾がついたアーチと四隅に付け柱を配した列柱が整然と並ぶ。

中庭に建つ泉亭は十三世紀の再建だが、まるで**彫刻のような塊感**がある。どんな宗教建築でもその外側の日常世界とは異なる非日常的な**神聖な場の演出とそこへ至る経路**が重要なテーマになるが、このモスクではその聖と俗、その間をつなぐ空間がきめ細かくデザインされていて、信者でなくても雑踏からふたつの壁を通った後に、気分が変わるのを実感できる。

モスクの周囲は下町の雑踏、この対比が聖域を際立たせる。

# 人間の巣

## ジャイサルメール（インド）

インド西部、ラジャスターン州のジャイサルメールは、タール砂漠の中にある城塞都市である。タール砂漠はインド、パキスタンにまたがり日本の半分以上の面積で、かつて核実験場にもなっていたところである。ジャイサルメールは十二世紀ラージプート族の王、ラーワル・ジャイサルによってつくられた。中心には一段高いトリクータの丘があり、その上に城壁で囲まれた王宮があり、丘の足元に市街が広がっている。

町の立地はラクダを使って物資を運ぶ隊商のルート上にあり、中継貿易の拠点としてその税収によって栄えてきた。十六～十九世紀にかけて

地面と同じ色の建築。まるで人間の巣。

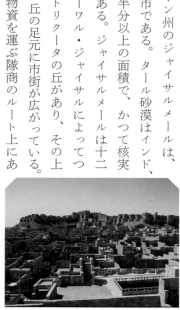

城壁から見た市街。砂漠の中なのに都市的に密集した景観。狭い路地は日陰を提供する。

次々と王宮が整備されていった。その後、鉄道の発達や、インド、パキスタンの分離による貿易ルートの分断などによって町は衰退していった。しかしそれが幸いして、**最盛期の最も豊かな建築群が残る**ことになった。

この町の建築は王宮も含めて黄色い砂岩でできていて、ゴールデンシティとも呼ばれている。市街は狭い路地に面してかなり高密状態で建っている。最高気温五十度にも達する土地だが、乾燥しているので日陰と風通しが重要になる。この狭い路地は日陰伝いに移動できる通路であり、理にかなったまちづくりである。路地に面して半階上がった入り口をもつ家が多く、密集して居住する際のプライバシーの確保に配慮している。

市街には商業で財を成した人の住まい、ハヴェリーと呼ばれる大邸宅がいくつかある。砂岩でできているが、石の柱や開口が開いたパネル状の部材でできていて、五階建てに及ぶものもある。町を外から見ていると黄色い砂漠の中に同じ材料でできた王宮と市街があり、景観のすべてが同じ質感で覆われている。その塊の中に密集して人が住んでいる状態はまるで**「人間の巣」**といっても過言ではない。その土地で手に入る材料を使って、その土地の気候や景観に調和する空間をつくってきた。しかもそこには**高度な技術とセンスとに支えられた繊細なデザイン**が存在する。この姿勢から学ぶことは多い。**本来建築や都市はそこに何もない状態より快適に暮らせなくてはならない**はずだが、現代の都市や建築にはそれが満足できていないものも多いということに気づかされる。

商人の館のひとつ、パトウォンハヴェリー。

# 村の四阿

## ラオスのカートゥー（ラオス）

ラオスの首都ビエンチャン近郊の農村では竹などでできた四本脚の四阿《あずまや》が多数見られる。カートゥーと呼ばれるこの四阿、大きさはさまざまだが、ほぼ正方形平面のものが多いようで、四十センチ程度の高床になっていて壁はなく、多くはヤシなどで葺いた切妻の屋根が載るが鉄板葺きのものも入母屋状の屋根もある。柱は竹や丸太、角材のこともあり、特に決まりはない。崖の上や水辺にあるときは手すりが付く。掘立て柱のこともあるが、ただ置いてあるだけのことも多い。四阿というだけで、**材料もつくり方もかなり自由**である。立地は水田や畑、川辺や道端などどこでも見られる。個人の敷地内、

川辺の風を楽しむ。

庭先に設けることもあり、置き方にも特に決まりはない。コンクリートの土間の上に置かれることもある。**日陰で休むための屋外の休憩スペース**である。これが実に快適でこの地の気候に合った屋外家具である。東南アジアは温暖な気候のために住居のつくりは一般的に簡素だが、内陸のラオスでは台風など強風の心配がないためかさらに簡素に見える。

　ラオスの農村では自分で家をメンテナンスするのは当然で、竹を編んだ壁材は自分でつくってしまう人も多い。最近では溶接機を持っている人も多く、まるで工具箱か

道端で一休み。

水田を見渡す農作業のための休憩小屋。

多くは手作りだが、既製品を販売する店もある。

らのこぎりを取り出すような気軽さで門扉や塀を溶接でつくってしまう。高床式住居の床下の柱用のプレキャストコンクリートの柱も製品として売られている。カートゥーはさまざまなバリエーションがありほとんどみんな自分でつくっているようではあるが、道路端で完成品を売っている店もあった。どうやって持って帰るのだろうか。モデルハウスのような完成見本だったのだろうか。

ラオスの水田ではところどころに高い木がある。これは水田を開拓するときに残していた木々で産米林と呼ばれる。これは作業中の人間に適度な木陰を用意し、また木にとまる鳥の糞が肥料になるという理由だ。日本では少しでも日光に当てなくてはと思ってしまうがそこまでの必要はないようだ。そんな田園風景の中にもカートゥーは置かれていて、**のんびり休みながら耕作をするのどかな生活を支える道具**になっている。

背もたれ付き。

大きな家の庭先で。

# 2章

# インテリアデザインと建築

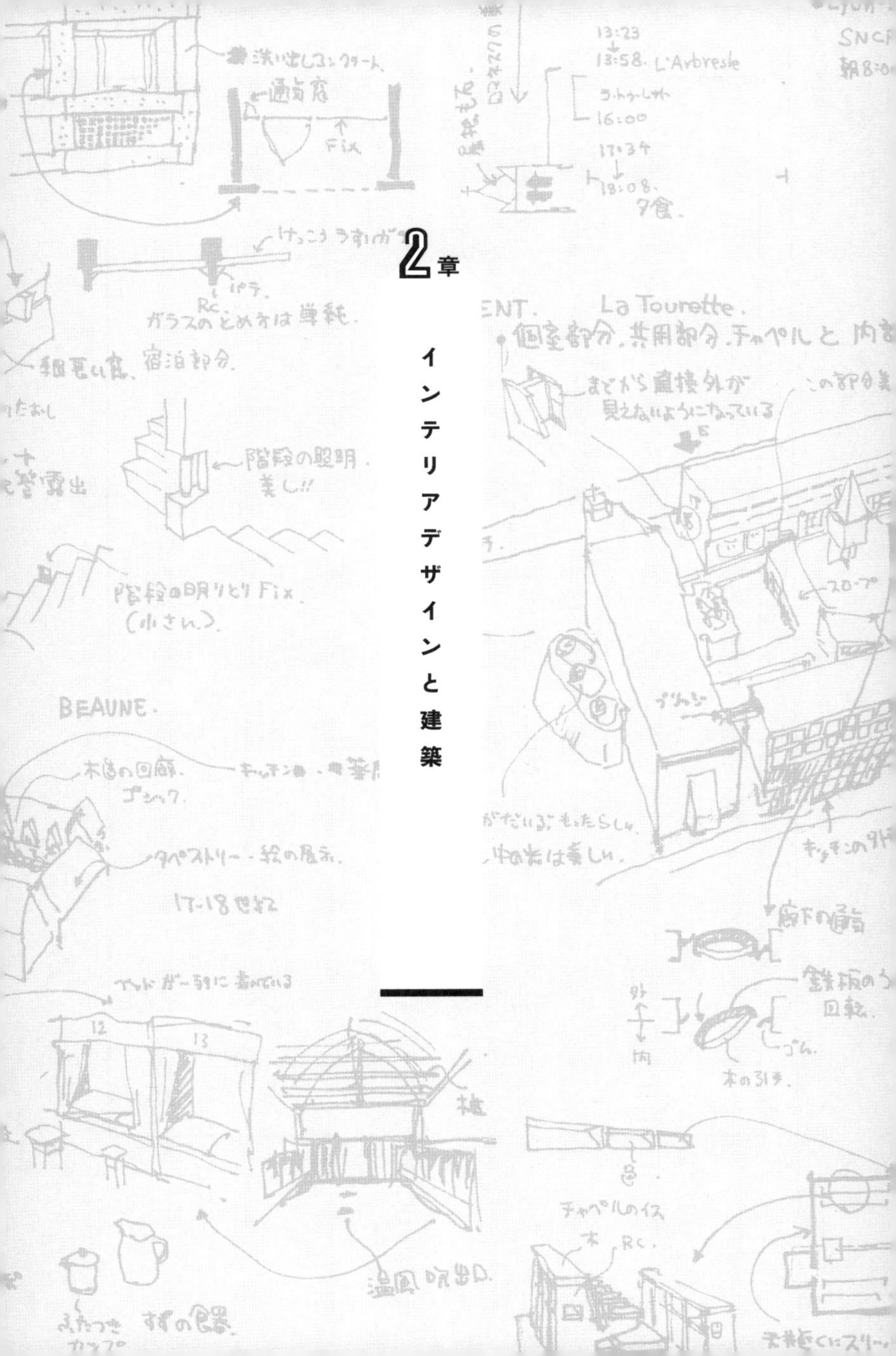

インテリアデザインとは建築が先にあってその内側をつくることだと思われがちだが、人間が洞窟に住みはじめたころ、そこでの生活をよりよくしようと思ったとき、また洞窟の中の一角に特別な意味をもたせようと思って絵を描いたときにインテリアデザインははじまっていたともいえる。人が建築をつくって住むよりはるかに前のことである。内側から発想することをインテリアデザインと定義するとその世界は大きく広がる。内側の理屈で外側のかたちが決まる建築は数多く存在する。内部という限定された空間の中で人に何を感じさせるかというデザインは、外の環境とどうつなぐか、どう切るかを考えなくてはならず、外部環境と密接にかかわってくる。

# 荘厳さのデザイン

## カルナックアメン大神殿（エジプト）

エジプト、ナイル川沿いにあるカルナックアメン大神殿は、南に二キロメートル離れたところにある副神殿であるルクソール神殿とセットで使われる空間であった。毎年川の氾濫期に、オペト祭（神と王の生命力を象徴する儀式）が行われ、アメン神は、ムト神、コンス神とともに舟に乗せられ、カルナック神殿からルクソール神殿へと運ばれた。

カルナックアメン大神殿はそのオペト祭のときに、神殿の一番奥から船着き場までしずしずと**行列が進むための空間**としてデザインされている。一本の軸線に沿って大きな中庭を通ったり、閉ざされ

大列柱室の柱は16列134本。表面にはヒエログリフが彫られている。

中央の高い柱は開花パピルス柱で上が広がり、光を反射させている。

た空間を通ったり、パイロンと呼ばれる巨大な壁の間を通ったり、移動するにしたがってその**周囲の空間の質が刻々と変化するように演出されている。**

船着き場へと向かうルートの後半にあたる場所に大列柱室がある。ここは紀元前十三世紀、ラムセス二世による増築である。この部屋の機能はオペト祭のときに中央部を通るだけであるが、その両側に接近して規則正しく列柱が並んでいる。現在は屋根がなく明るい陽光のもとにさらされているが、当時は閉鎖的な暗い空間であった。中央通路の上部だけは屋根が一段高くその両側に採光のスリットが開いている。復元された断面図から想像するとかなり暗い空間にスリットからの光の帯が象徴的に差し込んでくる荘厳な空間であったことがわかる。この列柱にはヒエログリフが彫られていて彩色されていた。両側奥は暗い闇になっている。中央の開花パピルス柱の柱頭の広がりは、梁を支える造形ではなく、**スリットからの光の反射板**のように見える。ここで受けた光を暗闇に並ぶ列柱群に当てる。しかもこの部屋を抜けると次には空が見える中庭が待っている。**このシークエンスをデザインした人の思いが伝わってくる。**

大列柱室は、壮大な空間を収めるための倉庫のような箱であり、**テーマパークにおける室内アトラクションを収めるための建築とよく似ている。**外観からは内部に何があるか意識させないようになっていて、外観の美しさはほとんど意識されていない。

カルナックアメン大神殿の列柱群は結果的に屋根を支えてはいるが、その目的は構造のためではなく**光のインスタレーション**のために必要な存在だったともいえる。

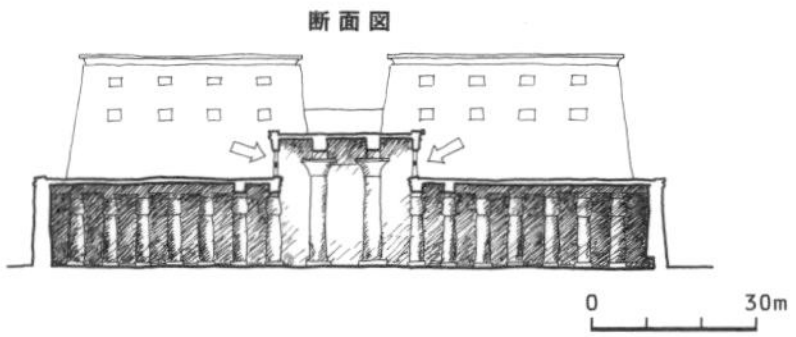


柱の横のスリットからの光が列柱を幻想的に光らせる。そのためだけにこの巨大な空間がつくられた。

石の板を彫ってつくった縦長のスリットは木造の格子を石に置き換えたという発想だと思われる。今は空が見えるが当時はこのスリットからの光がすべてだった。

# 方向性のデザイン

## サンタポリナーレ・イン・クラッセ教会（イタリア）

西洋建築史には初期キリスト教建築というジャンルがある。ロマネスクやゴシックといった様式名では呼ばれない違和感がある。古代ローマ時代の末期、弾圧を受けていたキリスト教が公認された後に誕生した教会建築のことで、通称バシリカと呼ばれている。古代ローマ時代の集会所や裁判所など多目的に使われる建築であるバシリカに似ていることからついた名前だが、似ているのは直方体空間のヴォリュームだけであって、方向性など空間がもつ性格はかなり異なっている。初期キリスト教建築の空間的特徴は長方形平面の奥に半円形平面の祭壇があり、そこへ向かう**強い方向**

外観はいたって素朴。左に建っているのはロマネスク時代に追加された鐘塔。

列柱は側面に並ぶ高窓、クリアストーリーからの採光も加わって奥へと視線を誘導する。

**性にあり、列柱がそれを強調している。**

北イタリア、ラヴェンナの北、クラッセにあるサンタポリナーレ・イン・クラッセ教会は六世紀中ごろにつくられた初期キリスト教建築の傑作で、当初の空間がよく残っている。アドリア海に面した港町であったラヴェンナは、海岸線の後退によって廃れていった。そのため当時の建築の多くがそのまま残されることになった。街の繁栄が続いていると建築は建て替えられたり改造されたりするが、**衰退によって当初の建築がそのまま残るのは皮肉なもの**である。

祭壇前の壁で流れを一度受けとめる。
並んだ円柱は最後に角柱で締める。

奥へ意識を向ける身廊と祭壇を差別化する
空間への接点。

レンガ造に木造の小屋組を載せたシンプルな構造で、内部に入ると、まず円柱をアーチでつないだ列柱が**奥へと意識を強く惹きつける。**そして**円柱は最後に角柱になって視線にブレーキをかける。**その突き当たりの壁で流れを受け止めたあと、四分の一球状の天井をもつ祭壇空間につながる。ここで注目したいのは視線の流れを操作する演出のデザインである。ミサの出席者に意識を集中させること、そして誰も見たことのない世界を見せるという空間演出のテクニックは現代のインテリアデザインとなんら変わらない。

迫害されて地下で活動してきたキリスト教が公認されて地上の建築が必要になったとき、必要な空間も技術もすでに存在していたとされ、初期キリスト教建築は古代ローマ建築の延長上にあるといわれている。しかし、**意識を誘導するために内部空間に強い方向性を与える**というデザイン手法はこのときに新しく誕生したといってもよいだろう。

# 上昇感のデザイン

## フランス・ゴシック

ゴシック建築を決める要素は尖頭アーチ、フライング・バットレス、リブ・ヴォールト、バラ窓、ステンドグラスなどがあるが、技術的にはいずれもゴシック以前の発明で、尖頭アーチはイスラム建築起源ともいわれている。しかしこれらを統合して構成したところがゴシック様式である。とはいえゴシックという言葉は後の時代のイタリア人がゴート人の子孫であるフランス人、

サン・ドニ修道院聖堂（1136～1144）　光あふれる祭室はここからはじまった。

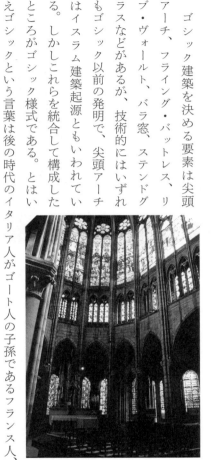

パリ大聖堂（1163〜1250）　一番下は太い円柱で柱頭から上で細い付け柱になる。

ドイツ人を見下した蔑称で、ゴート人の様式という意味であるが、ゴート人とはなんら関係ない。

**ゴシック建築はそのブームのスタートラインがはっきりしている。**北フランスのサン・ドニ修道院長シュジェによってその附属聖堂で導入されたことからはじまり、「**サン・ドニショック**」は各地に広がった。シュジェがどこまで具体的なデザインに関与したかわからないが、光があふれる祭壇は衝撃的だったことだろう。サン・ドニ修道院が王室とかかわりが深いことによる権威も手伝ってフランス中で大流行となった。

アミアン大聖堂（1220〜1410）　柱を束ねたかのように見えるのはレリーフ状の付け柱。一番下から線が連続して垂直性を増す。

フランスのゴシック教会は次第に高さを増していく。その特徴である尖頭アーチもリブ・ヴォールトも、付け柱も、ピナクルもすべて**上昇感の表現に役立っている**が、これらの要素は時代とともに徐々に垂直性を表現する力を増していくように見える。この効果は**つくりながら気がついていったとしか思えないほど段階的**だ。初期のサン・ドニ修道院聖堂やパリ大聖堂では一番下は太い丸柱で、その上から細い付け柱がはじまる。盛期のアミアン大聖堂やランス大聖堂では下から付け柱になって

サン・マクルー教会（1436〜1521）　柱に分節はなく天井のリブ・ヴォールトまで一直線でよりシンプルな縦の線の連続になったが上昇感が増したかというとそうでもない。

いるが、途中に節のような結節点が付いている。末期のルーアンのサン・マクルー教会では柱からリブまでまったく結節点がなくなり、付け柱から天井のリブへの連続性がより強くなる。リブ・ヴォールトのリブは長方形の平面にかけた交差ヴォールトの石積みのガイドにもなるが、尖頭であるがゆえ、上へ向けた矢印という表現につながっていく。ここではもはや内部空間を横に切るような垂直性を邪魔する要素がほとんどなくなっている。デザインとしては行き着くところまで行ってしまったはずだが、サン・マクルー教会ではむしろ上昇感が弱まっているのが不思議だ。

# 構造からの独立

## フィアツェーンハイリゲン巡礼教会（ドイツ）

ドイツ、バイエルン州リヒテンフェルスにあるこの教会はドイツバロック・ロココの代表作ともいわれている。そもそもバロック建築は反宗教改革の波に乗ったローマカトリックの威信回復が原動力になっている表現で、アルプスの北側へはあまり波及しなかった。しかし、イタリアと地理的に近かったドイツ南部では傑作がいくつか生まれている。

壁面はわずかにうねっているがロココ建築としてはおとなしい。

ロココとバロックの一番の違いはロココが建築とインテリアを分離させたことだと思う。極論すればバロックはルネサンスに装飾を加えたりゆがめたりする表現で、建

曲面の天井は建築の構造とはまったく関係ない造形である。

断面図

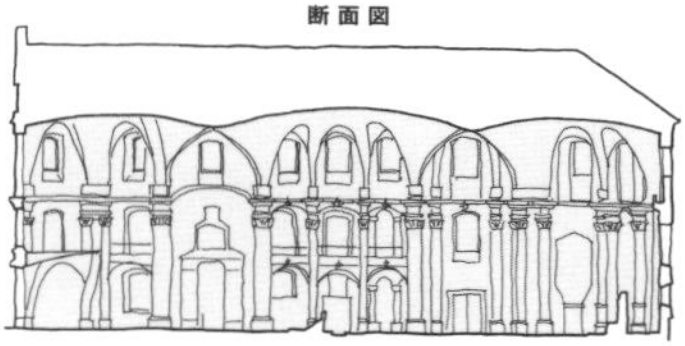

インテリアが構造から自由になった。

0　10m

築としての存在感はまだ強く残っていたが、ロココに至って、重力から解き放たれたような軽い表現が誕生してくる。マニエリスムとバロックの間に大きな境界があるという見方が多いが、**インテリアに着目すれば、むしろバロックとロココの間に大きな境界がある**という見方も可能である。

壁、柱、天井、屋根という表現は、それが構造的なものではなくレリーフであったとしても、建築の構造から発想された表現であった。しかし、ロココでは壁と天井の境界線が建築とは関係ないところに生まれていて自由な曲線で構成されるようになる。**建築と分離したインテリアデザインの誕生**といってもよい。現代の建築家でロココが好きな人がほとんどいないのはこの辺が理由かもしれない。

設計者バルタザール・ノイマンは、その特徴が内部空間にあるにもかかわらず、インテリアデザインにはほとんど関与せず、いわばマネージメント的な立場でかかわっていたようだ。この点からも建築とインテリアを分離して考えることがはじまったといえよう。

外観からはとても内部の空間構成は想像できない。ファサードには若干の曲面はあるものの、イタリアのような流動的な表現は見られない。しかし、一歩中に入るとその差に驚く。柱や壁に見られる石の模様は天然石の模様ではなく左官による表現で、**石の肌を絵で描いている。**上質な石材が手に入らなかったという理由でもあるが、素材そのものではなく表層の表現として扱われることがはじまったというのも画期的で、その意味でも**インテリアデザインが独立した時代**といえよう。

天井のこの色はもはやどのような材料でできているのかわからなくしている。

# 後光の演出

## 浄土寺浄土堂（日本）

兵庫県小野市にある浄土寺は一一九〇年代、重源による開山である。焼き討ちで焼失した**東大寺大仏殿の再建プロジェクトの責任者が重源**で、彼はその再建事業の基地を全国に七ヵ所設けた。そのひとつが浄土寺である。浄土堂は一一九七年に完成している。東大寺大仏殿とほぼ同時期に工事をしていた。どちらも重源のデザインによるものでとても**斬新で現代的な造形**である。浄土堂の平面形はきわめてシンプルで、正方形平面の中央の四本柱の中に須弥壇がある。中央に立つ快慶作の阿弥陀三尊立像は毎日夕方に背後の窓からの**西日を受けて阿弥陀来迎のシーンを演出**している。内部は天井を張らず、

大仏様は軒が水平で垂木の木口を板で隠す。

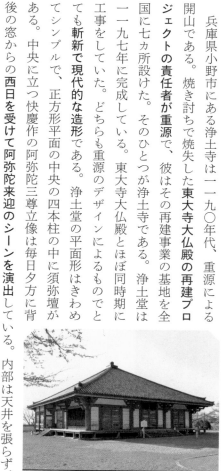

阿弥陀三尊立像が夕日を背に輝く。

交錯する柱、梁、貫など構造体をそのまま見せていて、その梁底に彫られた胡粉の**白いラインが夕日を受けて後光のように光る。**

一般の人にもわかりやすい劇的な演出ではあるが、その後、このスタイルは模倣されることはなく、画期的な採光方法も一九九一年の安藤忠雄による淡路島の本福寺に至るまで、どこにも影響を与えていない。このデザイン、当時はどういう評価だったのだろうか。

軒先がほぼ水平で反りが少ない屋根を美しいとする価値観は、**モダニズム建築を経由した現代の人の目**にとっての話なのかもしれない。反っていない屋根は一般には寺院としては物足りないか、あるいは醜いものと思われていたかもしれない。大仏様という様式自体は部分的な表現としてその後の折衷様に組み込まれるが、受け継がれるのは細部だけで、完璧な大仏様は重源がかかわったものしかない。大仏様の大きな特徴のひとつでもある垂木端を板で隠す手法は特に好まれなかったのだろう。デザイナーの目から見ると**重源は何百年か早すぎた斬新な大建築家**だと思うが、彼がこの大役にあたり、大きな評価を得たのは大事業のプロデュース能力である。大仏殿再建にあたっての資材、労働力の調達方法や労働者の福利厚生など、総合的にまとめあげて一大事業を完遂させた価値は高い。その**総合プロデュース力という視点でも何百年も早かった才能**といえる。

浄土寺浄土堂は内部も外部も時代を超越したようなシャープな美しさを持っているが、その後このデザインが継承されることはなかった。

阿弥陀三尊立像の側面。

# 水の反射を愛でる

## サフランボルのプール（トルコ）

サフランボルはトルコ北部にある古都で、その名は香辛料のサフランの集散地であったことに由来する。十一世紀から十三世紀にかけて都市として整備され、十七世紀に最盛期をむかえる。二十世紀になって物流の中心が鉄道になって衰退し、そのため町並みや古い建築が良好な状態で数多く残ることになった。

サフランボル特有のオスマン建築にハヴズルコナックと呼ばれる邸宅がある。その意味は単純に「**プール付き邸宅**」で、屋内の広間の中央にプールがある。しかし泳ぐためのプールではなく、魚を飼うわけでもない。椅子の座面より少し高いところに水面がある。多くの家は一階が石造、二階が木造である。このプールは防火用、加湿用、冷房用ともいわれているが、その壁面のつくり方と周囲のデザインを見ると、明らか

部屋の大半の面積を占めるプール。ホテルのロビーになっているものを見ることができた。
窓の上には水面に反射した光が動いている。

に**水面とそれが生む光を楽しむつくり**をしているように見える。

大きな部屋の中央にあるプールは部屋の面積の大半を占めるほどの大きさである。周囲の窓際にソファが廻らされている。ソファはその英語名の起源になっているが、上にあぐらをかいて座るために奥行きが深い。また天井と壁をつなぐ部分が白い漆喰で仕上げた曲面、または傾斜面になっている。そこに窓からの光を水面に反射させてそのきらめきを見て楽しむようなつくりになっている。室内に日本の民家の長押のようなラインがあり、その上は開口ではなく壁面になっているか、開口があっても開閉しない装飾的なものになっている。日本だったら欄間になる部分である。プールをもつサフランボルの邸宅では、この部分が光の反射を楽しむ壁となっている。おそらく水タバコを吸いながら、**ただ光のゆらめきを眺めている**というのは**オスマン帝国特有の美意識**といえるだろう。

　オスマン帝国からトルコ共和国になったトルコ革命によって、アラビア文字からラテンアルファベットに、床座の生活から椅子の生活へ、生活すべてが西欧化した。そのなかで失われた空間の美意識が数多くあったものと思われる。

プールとソファの断面。

盆地に広がるサフランボルの町並み。

　各地の名イスラム建築には水を使ったデザインが随所に見られる。水は確かに涼しさを得るための機能があるが、その**水面の反射に対する扱い方はイスラム文化に共通する独特な美意識**といえよう。

# 光る格子

## 格天井のデザイン

日本建築に天井がいつから存在したかはさだかではないが、天井は屋根とは別に吊っているだけで、構造的な役割はない。もっとも巨大な建築では天井が落ちたら人命にかかわるが、それでも建築の倒壊には直接はつながらない。

法隆寺金堂の組入天井は木を細かい格子に組んだもので、薄い板を手に入れるのが難しかった時代には有効な方法であっただろう。後に登場する格天井はもっと大きな格子になり、格子の間を埋める正方形の板との構成で表現されることになる。組入天井と格天井の違いのひとつはグリッドの大きさではあ

厳島神社摂社客神社祓殿　水面の反射で格子が光る。

日吉大社東本宮拝殿　小組格天井の小さな格子も光る。

るが、組入天井は梁など構造材の間を埋めるものであって、梁は露出したままであり、格天井は梁より下に吊られるものであることが大きな差である。そして格天井は部屋の格の表現として定着していく。一段上がった「折上げ格天井」はさらに格が高い部屋に用いられる。加えて格子の間を埋める天井画なども登場する。また格子の間に細かい格子を入れる「小組格天井」も普及し、格天井は**部屋の性格を表現するための重要なデザイン要素となっていく。**

　ここまでは一般にいわれてき

たことだが、もうひとつのデザイン要素があるのではないかと思う。それは**格子の面における光の反射**である。これに気がついたのは厳島神社の摂社、客《まろうど》神社、祓殿の天井を見たときで、水面に反射する光を天井で受けてグリッドが光り輝いていた。おそらく**満月の夜も美しく輝く**ことだろう。その後、各地の格天井を見ていると、上賀茂神社、細殿《ほそどの》や、日吉大社、東本宮拝殿の天井など、周囲の白砂などに反射した太陽光を天井のグリッドで受けている姿を体験することになる。人工照明が十分でなかった時代、**人々は今より微妙な光に敏感であったに違いない**。月の光、地面に反射した光、床板に反射した光など、現代よりはるかに鋭い感覚で光を扱っていたと思う。その彼らが格天井の格子が反射する光に気づいていないとは思えない。はじめは偶然の効果であったかもしれないが、格天井が格の表現として定着するころには**光の処理方法としても重要なデザイン行為**であったのだろう。光に関しては**現代より繊細なデザイン力**をもっていたように思える。

賀茂別雷神社細殿　白砂の反射で格子が光る。

# 空間の快楽

## ラール・キラー(インド)

インド、ムガール帝国の第五代マハラジャであるシャー・ジャハーンはアグラから遷都し、自らの名前をつけた街、シャー・ジャハナバード、現在のデリーをつくった。その居城として一六四八年につくられたのがラール・キラーである。赤い城という意味で、外装材である赤砂岩に由来する。しかし、内装には白大理石が多く、インテリアはむしろ白の印象のほうが強い。ヤムナー川のほとり、巨大な長方形の城壁の内側に宮殿と庭園が展開する。ムガール建築はペルシア建築から多大な影響を受けているが、次第に独自のセンスをま

巨大な宮殿ではあるが、外部に対する威厳より内部空間の快楽を追求している。

とうようになっていく。しかし、イスラム建築の基本は受け継がれ、正方形を四分割する庭園であるチャールバーグや植物文様の細やかな装飾、そして外側を閉ざして内側に楽園をつくるという考え方は受け継がれている。

ここで興味深いのは**庭園と室内を縦横に巡る水路**である。室内の廊下の中央を流れ、飛び石や橋で水路を渡ったり、流れ落ちるところではその斜面に洗濯板のような凹凸を設けて波をたてたり、また滝のように落ちる裏側に蠟燭を立てる場所を設けて水越しの照明にしたり、床面の大きな排水口には渦を巻いて波をたてるような仕掛けを設けたり、**随所に水が音をたて、波を起こし、動きを感じるデザインが施されている。**それも室内から庭園へ続いたり、また壁の中から突然現れたり、広くなり狭くなり、さらに水路の底には色がついた石や宝石などが白大理石に象眼されていて（現在はほと

大理石の床面にある排水口。周囲の水路からのオーバーフローが波をたてながら渦を巻く。

室内を流れた水が屋外に出るところ。壁に並ぶ15個の穴に蠟燭が並ぶ、その上のスリットから板状に水が流れ落ちる。

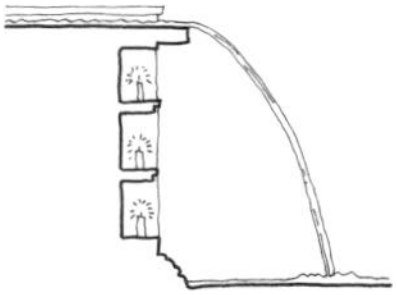

水が板状に薄く流れ落ちる裏には灯明が並び、水越しにその光のゆらめきを楽しむ。

室内を冷やしてきた水が斜面を下って排水口へ。壁面にはかつて宝石が埋め込まれていた。

んど失われているが)、水面越しにその輝きが見られる場所もある。この水路の機能のひとつは夏の冷房効果かもしれないが、もはや冷やすだけでなく、**音でも光でも楽しませるツール**として建築の一部となっている。

水の操作だけでなく細やかなスケール感や空間のつながり方は、ムガール帝国の文化の中で独特な発展をし、生活の場における空間の快楽を追求した宮殿になっている。

この宮殿のスタイルは周辺のラージプート族の宮殿のデザインとも似ている。ラージプート族はムガール帝国の時代にあってもヒンドゥー教を守り続けたが、空間の快楽を追求していくこのセンスは宗教とは別の、この地域の人々特有のものかもしれない。

# インテリアと建築の分離

## 野小屋

野小屋（野屋根）とは平安時代に考案された日本の寺院建築における屋根のかけ方で、**それ以前は天井イコール屋根で、構造材は室内から見えていた**のだが、巨大な屋根裏部分を設けることでそこに構造材を隠すことを可能にした。最初に登場したのはまだ控えめではあるが、九九〇年の法隆寺大講堂である。奈良の当麻寺《たいまでら》では本堂を改造していく過程で**野小屋を採用することで空間が豊かになっていく**。野小屋は無理なく大きな屋根をかけられることによって、桔木《はねぎ》という太い構造材を屋根裏に隠し、深い軒の出を確保し、軒が下がらないようにするこ

当麻寺本堂　当初はこんなに屋根が大きくはなかった。

とが可能になった。しかしデザイン上最大の変化は、**建築とインテリアの分離**であると考えられる。

寺院の仏堂は、ご本尊を安置する内陣部分と参拝する外陣《げじん》部分に分けられるが、参拝者が増加し次第に外陣部分の充実が求められるようになる。その**空間演出に差をつけて境界を明確にする**ことなどによって、内陣をよりありがたい空間としてデザインすることが求められるようになってくる。大報恩寺本堂のように、内陣と外陣をよりはっきり隔てる格子や段差などのバリアーが登場し、天井の高さや仕上げを変えて、その**ヒエラルキーをはっきりと表現する**ものが出てくる。これは神社建築における本殿と拝殿の間にあるバリアーの影響とも考えられる。インテリア側からふさわしい内陣と外陣のバランスを追求すると、その面積は必ずしも半分ずつではないし、境界線は必ずしも屋根の中心や建

当初の断面。屋根のラインが内部空間を決めている。

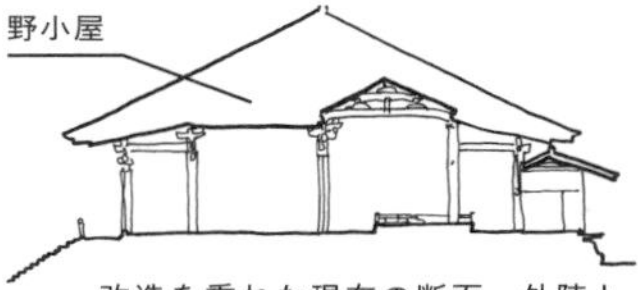

改造を重ねた現在の断面。外陣と内陣で違う空間を構成する。

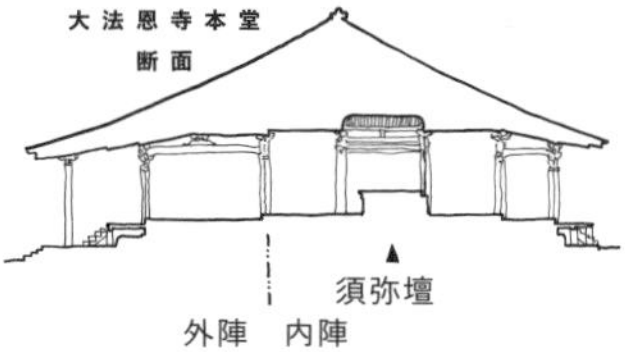

野小屋によって外陣と内陣の面積バランスを自由にデザインできるようになった。

大法恩寺本堂　外陣と内陣の間のスクリーン。外陣は梁を大きくして柱を減らして広い空間を確保する。

築の構造的な中心ではないことは十分考えられる。野小屋の発明によって内陣と外陣の境界線を屋根の造形と関係ないところに設けることができるようになった。**内部空間を自由に構成した上ですべてを覆う屋根をかけるというデザイン手法が可能になった。**これは画期的な変革である。

仏教建築は中国から伝わったが、野小屋の発想は日本建築にしかない。鎌倉時代、禅宗様が中国から入ってきたとき、天井を張らずに構造材を見せるという手法の流行によって再び建築とインテリアの一体化が見られる。野小屋に慣れた目に禅宗様は新鮮に映ったことだろう。

# 砂漠の木柱

## イチャン・カラのジュマ・モスク（ウズベキスタン）

　ウズベキスタン西部の都市ヒヴァは紀元前五～四世紀にシルクロード上の重要な都市として砂漠の中につくられた。八世紀にアラブ人の支配下に入り、イスラム世界となった。十六世紀初頭から二十世紀初頭まではヒヴァ・ハン国の首都であった。土壁に囲まれた旧市街は内部の城という意味のイチャン・カラと呼ばれている。面積は二十六ヘクタールにおよび、二十のモスクと六基のミナレットがある。ジュマ・モスクはウズベキスタンの建築のなかでも異彩を放っている。プ

乾燥したイチャン・カラの風景。中央の四角い箱がジュマ・モスク。

木造でドームを表現したような八角形が並ぶ天井。

ランは典型的な多柱空間のモスクではあるが、木造の柱梁で構成されている。周囲に大きな木がないこの土地で木造の列柱空間は外部とのギャップが大きい。創建は十世紀と伝えられているが、現在の建物は一七八九年に完成した。組積造の壁に囲まれた閉鎖的な空間の中に三つのトップライトから光が差し、林立する柱は二百十二本、そのうち二十一本は十二世紀以前の別の建物から転用されていて、そこにはアラビア語最古の書体であるクーフィー体で碑文が刻まれている。最も古い柱は中世ホレズムの首都キャットから持ってこられた可能性がある。柱は石の台座に載っているが、転用材である柱は長さも太さもまちまちで、石の台座で高さを調節している。また柱の下部の絞り具合は**木造建築を見慣れた目にはありえないデザイン**である。柱の上部は肘木のような部材が載っているが、なかにはドリス式のような柱頭が載っている柱もある。屋根はフラットで、一部に八角形に梁をかけて浅いドームのようにしている部分もある。これだけ大きな木造の屋根はこの地ではとても珍しい。

ウズベキスタンの建築は住まいもモスクも基本的には石やレンガの組積造だが、大きな住宅ではテラスのような屋根付きの外部空間が付属することがあり、そこに木製の柱が付くことは多い。しかしこれだけ大量の木製の柱が並ぶのは**この地においてはとても贅沢なデザイン**なのだろう。ウズベキスタンは樹木が少ない土地だが西へ行くほどさらに乾燥し、木は減ってくる。屋根が木製なのは熱気と寒気を防ぐためという説もあるが、理由はそれだけではないと思う。**建築はそこにある材料でつくるのが基本だが、あえてそこにない材料でつくることによる意味もまた大きい。**

メッカの方角を示すミフラーブの上は屋根が高い。長さが違う柱は台座の高さを変えることで調節している。

# 内外のつなぎ方

## カイロのマシュラビーヤ（エジプト）

イスラムの都市型住居は高密度で建ち、外壁は開口が少なく閉鎖的につくられる。しかし中庭は開放的な空間で、内部に楽園をつくるともいわれる。スペインのパティオもイタリア、ヴェネツィアの住居の中庭もイスラム建築の影響を強く受けている。

マシュラビーヤはイスラム圏の伝統的な民家に見られる格子がある窓で、シャンシュールやルーシャンとも呼ばれる。木製の小さな部品を組み合わせた格子窓で、ろくろで挽いた丸棒を使うこともあり、縦

ゲイヤー・アンダーソン博物館　16世紀と17世紀の邸宅をつないで博物館にしている。

17世紀の邸宅スハイミー邸　光と風をコントロールするマシュラビーヤ。窓辺には素焼きの壺。

横だけでなく斜めに材を組むこともある。その機能は外部からの視線を遮断し、日光を遮り、風を通すという**環境フィルター**であり防犯設備としても機能している。また女性が公共の場で顔をさらすことができないという文化的な理由も大きい。

マシュラビーヤの格子のデザインは地域によってさまざまなバリエーションがあり、ステンドグラスとセットになっているものも、一部が開くものもある。マシュラビーヤは多くの場合出窓になっていることで、街路と平行に風が吹くときでも室内に風を招き入れるようになっている。また窓辺には素焼きの壺に水を入れて置き、室内に入る風を気化熱で冷やしていたという。

カイロは古代エジプト時代から都市が継続してきたわけではなく現在のカイロの骨格ができたのはイスラム教が入ってきた七世紀以降のことだ。都市化が進む十四世紀ごろから大邸宅がつくられるようになり、十九世紀にかけて多数の都市型の住居がつくられた。十九世紀の写真を見るとマシュラビーヤが並ぶ迫力ある町並みであった。

カイロの都市型住居はメインのスペースは二階以上にあり、マシュラビーヤは主に二階以上の外側に付いていた。一方内側にはマクァドと呼ばれる屋根付きの外部空間があり、ここは北向きで中庭に面しているのでマシュラビーヤはなく開放的である。二階にあるので中庭とは別の空間でマシュラビーヤとはまた異なる方法でこの地の気候を楽しむ空間として用意されている。

**スハイミー邸のマシュラビーヤ外観**
外部から室内は見えない。

マシュラビーヤの機能と造形は**日本の町屋に見られる木製格子や簾と似ている**。見られたくないが風を通したい、日陰が欲しいが抑制された光は入れたい、という**外部環境との境界をコントロールするデザイン**である。

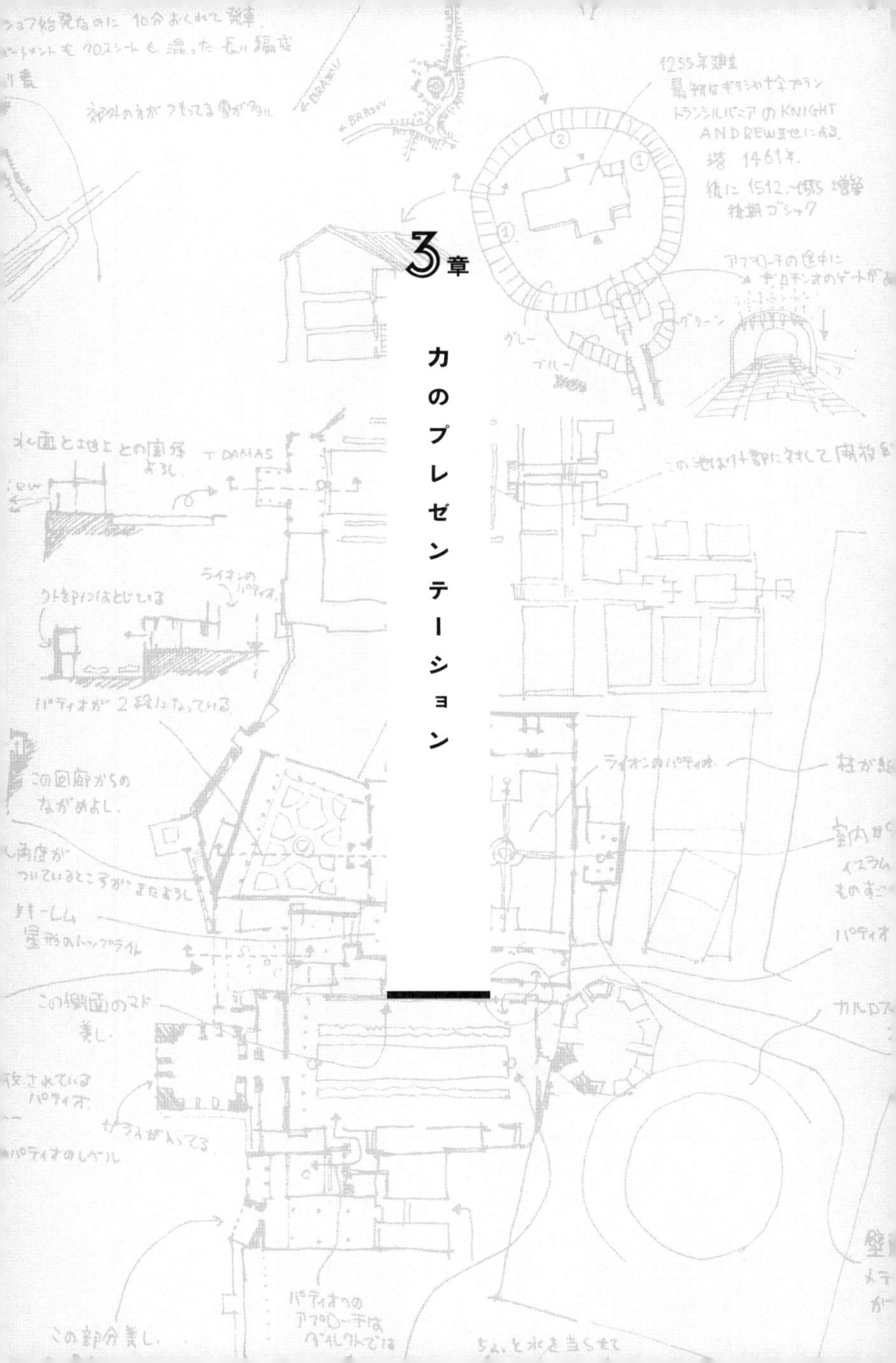

# 3章 力のプレゼンテーション

建築のデザインは人の心を動かす力をもっている。美しさだけでなく神聖さや強さを見せつける力、権力を誇示する力、優位であることをアピールする力などをもつことがある。聖域との境界線を示すことも可能である。また征服したときにすべてを消し去るのではなく、征服したことをあえて見せるデザインも存在する。建築は時として威圧的、暴力的な表現が可能である。これに気がついたとき建築の表面がもつ意味の重要さが増してくる。また力の表現には有効期限があるケースもある。数百年を経ると人々にプレッシャーを与える意味がなくなってしまうことがある。そのときデザインの存在感だけで勝負するモニュメントとなり、また別の価値をもちはじめる。

# 個人の大建築

## 宮殿、墓廟に込める思い

建築史上の巨大建築の多くは宗教建築であった。しかし十七世紀半ば、それまでとは異なる個人のパワーを示す巨大建築が世界で同時期に誕生している。古代ローマ時代にも個人のための大建築は存在したが、多くは自身が楽しむためで、威厳を示す派手さがメインテーマになってはいない。

フランスのヴェルサイユ宮殿は、ルイ十四世によってつくられた居城ではあるが、貴族を従わせて反乱を防止する、庭園を公開し一般民衆の心をつかむ、など

ヴェルサイユ宮殿　1661年着工、1665年竣工。それ以前から狩猟のための館があった土地に庭園とともに造営された。

自分で楽しむのとは別に統治のために**外へ向けたパワー**が求められた。
中国の紫禁城は、元《げん》の時代に造営がはじまっているが、モンゴル風から漢民族風につくりかえられ、現在見られる姿の多くは清代に整備されたものである。太和殿は明代に何度も火災にあったが、現在**中国最大の木造建築**である。これも居城ではあるが、他者を圧倒するシンボリックな儀式空間の目的は外へ向けたパワーで、それを獲得していくのがこの時代である。

**タージ・マハル** 1632年着工、1653年竣工とされている。シャー・ジャハーン自身はタージ・マハルと同型の黒い墓廟に入るつもりだったが、だれもつくってはくれなかった。

**紫禁城** 現在の太和殿は1627年の再建、天安門も明代の建築だが焼失と再建を繰り返し、現在の建物になったのは1651年である。

インドのタージ・マハルは、居城ではなく墓廟で、ムガール皇帝シャー・ジャハーンが、十五人目の出産のときに死去した妃ムムターズ・マハルのために造営した。愛妻家の思いであって統治のためではないが、個人の思いを巨大な建築で表現するのはそれまでなかったことである。これによって**国家の財政が傾くほどの大工事**であった。

日光東照宮は東照大権現として神格化された徳川家康を祀っているので宗教建築ともいえるが、墓廟という意識のほうが強いだろう。家康本人は遺言で「日光山に小さな堂を建てて勧請し」と言っているので、この派手さは当人の本意かどうかわからないが、三代将軍家光をはじめとする残された人々の**弔いのプレゼンテーション**として個人のパワーの表現に建築を使っている。

これらはまったく新しい造形原理で登場したものではなく、**前例をより豪華に、荘厳に装飾するという手法**でできている。一般の人々にアピールするには、**初めて見るかたちより、知っているかたちを派手にした方が受けやすい**ということだろう。

外観を気にする建築は宗教建築しかなかったところで、建築のデザインに個人のパワーや思いを込めることができるということに気がついた時代ともいえ、それが**同時に世界各地で生まれている**ところがおもしろい。

日光東照宮　寛永の改修によって大規模化して現在の姿になったのは1636年。

# 征服者の表現

## クッワト・アルイスラム・モスク（インド）

インドのデリーにあるクトゥブ・ミナールは世界最大のミナレットとして知られている。高さ七十二・五メートル、さらに近くにはもっと高いアラーイ・ミナールが着工していたが、こちらは財政難で完成できなかった。ミナレットは本来礼拝の時間を告げるためのタワーであり、これだけの高さは必要ではなく、クトゥブ・ミナールは**ミナレットの機能より戦勝記念のモニュメントとしての巨大さ**が求められ、デザインされていた。

このミナレットが附属するモスクは当初、金曜モスクと呼ばれていたが、後にクッワト・アルイスラム・モスクと呼ばれるようになった。

**クッワト・アルイスラム・モスク** 列柱はヒンドゥー寺院を壊して積み直す。

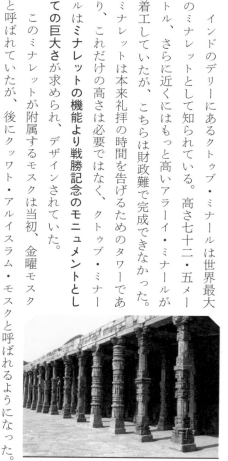

柱のパーツは上下入れ替えたりしている。向きを変えているものもありそうだ。

この名前には「**イスラムの力**」という意味がある。このモスクを建てたクトゥブ・アッディーン・アイバクは一二〇六年、王朝を建てて北インドを治めたスルタンで、このモスクは**インドで最初のイスラム建築**であり、その後のムガール帝国につながるインドのイスラム化の出発点でもある。その後、インドのイスラム建築はアフガニスタンを含むペルシア文化圏の建築がベースになっていく。しかし、クッワト・アルイスラム・モスクの列柱空間はまるでペルシア風ではなく、かなり趣が異なる。理由はそのつくられ方にある。モスク以前にあった二十七にも及ぶ**ヒンドゥー寺院やジャイナ教寺院を破壊し**、その**解体した部材の再構成**によってつくられている。敷地もヴィシュヌ神に捧げられたヒンドゥー寺院の土地をわざわざ選んでいる。世界各地で遺跡の材料を盗んで転用する例は多いが、ここの場合はスルタンが命じて破壊させたヒンドゥー寺院から持ち込まれているので、遺跡ではなく**壊したばかりの部材**である。

再利用というレベルの話ではない。むしろ**征圧した証としてのデザイン**である。モスクの名称からしてもヒンドゥー教を征圧したことを造形として表現する意図が見えてくる。転用された柱には当然ヒンドゥー教の装飾が施されていたが、偶像崇拝を禁ずるイスラムの教えに反する部分は切り取られ、さらに柱の上下を入れ替えて積まれたりしていた。これは美しくするためのアレンジではなく、**あえてバラバラにする**ことが重要だったのだろう。**征圧のデザインとして破壊した痕跡を意図的に見せる**征服者の表現である。

クトゥブ・ミナール　巨大なミナレット。

# 征服者の刻印

## アルハンブラ宮殿（スペイン）

スペイン、グラナダのアルハンブラ宮殿はイスラム建築の傑作のひとつだが、現在の姿がかたちづくられたのは十三世紀ナスル朝の時代で、それ以前は軍事的な要塞であった。八世紀にスペインのほぼ全土を占めていたイスラム国家、アル・アンダルスはキリスト教徒の領土奪還であるレコンキスタによって追い込まれていくが、アルハンブラ宮殿が建ったのはもうグラナダ周辺にしか領土がなくなった王朝末期のことである。

宮殿は丘の上にあるが随所に池や水路があり、水を楽しむ空間になっている。

ライオンのパティオができたのは1391年、711年から続いていたイスラム国家、アル・アンダルスが滅んだのは1492年のことである。

この時代のグラナダの大学ではキリスト教圏も含めて各国から留学生を集めていて、宗教を超えたヨーロッパの学問の中心であった。結局グラナダはキリスト教徒の手に落ちたが、アルハンブラ宮殿はすべてを破壊されることはなく、**ほぼ無傷で残された**のである。当時宮殿内に**最初に乗り込んだ兵士があまりの美しさに感動した**という記録もある。その後カルロス五世はここを避暑地とした。ということはむしろここが気に入っていたともいえる。一五二六年、はめ込むように増築したカルロス五世宮はイスラム部分との決定的な差を見せることになった。イスラム建築は内側に楽園をつくるという発想があり、特に中庭の繊細で親密な空間に特徴がある。その中庭がいくつもつながり、次々と美しい空間が展開する。スケールは小さく、通路は狭く、装飾は細かい。しかし、カルロス五世宮は六十三メートル角の正方形の中に真円の中庭という幾何学的整合性をもついかにもルネサンス的なデザインで、イスラム部分と比べると巨大だ。この違和感ある空間は**宮殿の美しさを認めつつも、イスラムを征圧したという記録**を建築として表現するためではないだろうか。レコンキスタ直後はイスラム教徒も信仰の自由が認められていた。しかし、一五二六年にはイスラム教は正式に禁止され、イスラム的な風習や衣服、言語も禁止された。カルロス五世宮ができたのはまさにその年である。

**建築のデザインは「征服」という意志表示に使うことができる**という例である。美しいものは宗教を超えて引き継がれる、と思いたいところだが、アルハンブラ宮殿が破壊されずに残ったのは**ぎりぎりの奇跡**だったのかもしれない。

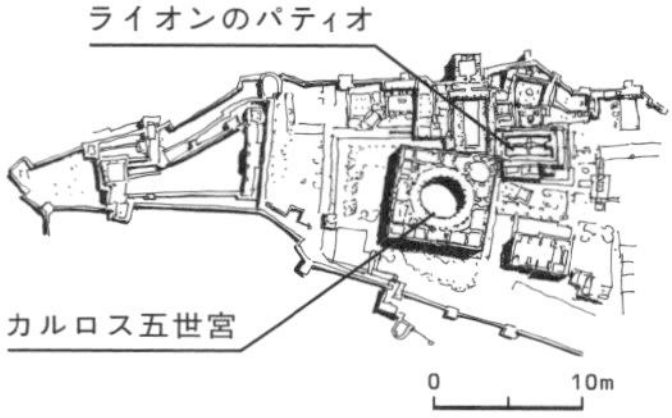

平面を見るとカルロス五世宮の暴力的なスケールがよくわかる。

カルロス五世宮が征服者の刻印を示す。イスラム的なスケールの対極にある空間。

# 抑止力のデザイン

## アッパースヴァネティの塔の家（ジョージア）

ジョージアの北部ロシア国境近く、コーカサス山脈の山中、アッパースヴァネティ地方に変わった建築がある。バーナード・ルドフスキーの『建築家なしの建築』（鹿島出版会）でその写真を初めて見た当時、ソヴィエトのこんな山奥には**一生行かれないだろうと思うほどの秘境**だったが、ここも世界遺産に登録された。

この地域に住むスヴァン人は**家族の一員が危害を受けたときはその復讐ができる**という習慣があり、そのとき**籠城するための施設**が村々にあり、独特な

コーカサス山脈のジョージア側最奥部。幸せそうな景色とかつての暮らしのギャップが大きい。

景観をつくっている。多くは九世紀から十二世紀に建てられたものだが、他国の侵略に備えるのではなく、家族単位の話である。

ひとつはコシュキと呼ばれるタワーで、**一家に一基**、普段生活している住居に隣接して建っている。しかし、現在コシュキに隣接する住居は廃墟になっていて別の建物が近くに新築されていることが多い。この塔の一階は石が詰まっていて空間はなく、二階に外から梯子で登る。その上に何層か部屋が重なるが、開口部は小さくとても狭い。**籠城というより閉じ込められた状態**に近い。最上階には上から周囲に攻撃できるような下向きの開口がある。アッパースヴァネティ最奥の村ウシュグリにはこのコシュキがたくさん並ぶ。

タワーであるコシュキの最上階。ここから石を落とす。

もうひとつのケースはマチュビビと呼ばれる建物で、普段は一階に住み、二階に籠城スペースが設けられている。攻め込まれたら二階に移動するのだが、一階は家畜といっしょに暮らす空間で、開口はほとんどなく**居住環境としては最悪**だ。二階は普段は家畜の餌である牧草の収納になっている。二階のほうがむしろ居心地はよさそうだ。現在はマチュビビに住んでいる人はなく、廃墟に

ウシュグリ村　一番右にあるのがマチュビビ。廃墟になっている家も多い。

なっているか、または倉庫として使っている。

酪農がさかんな牧草地もその先のコーカサス山脈の雪山もさわやかな景観を構成しているが、そんな風景からは想像しにくい習慣だ。**美しいランドスケープとかつての暮らしのギャップが激しい。**

実際にそのような物騒な事態が多かったのかどうか詳しくはわからない。もしかすると攻め込まれないようにさせるための抑止力のような位置づけで、実際には使わなかったのかもしれない。**隣人が信用できずに抑止力だけのために巨額の費用をつぎこむ**点では現代も変わらない。

# 防衛のデザイン

## トランシルヴァニアの要塞聖堂（ルーマニア）

ルーマニア中部のプレジュメルは「トランシルヴァニア地方の要塞聖堂のある村落群」としてユネスコの世界遺産に登録されている。このような要塞はトランシルヴァニア地方に三百も存在していた。世界遺産に登録されているのはビエルタンなど七件である。

これらの集落は十三世紀、ドイツ系のザクセン人の入植によってつくられ繁栄していたが、常にオスマン帝国やタタール人の侵入にさらされていた。プレジュメルはオスマン軍の最初の襲撃にあった集落である。大きな都市はそのすべてを囲う都市壁をつく

プレジュメルの外観

城壁の中に教会の塔が見える。

城壁の内側に張り付く避難用シェルターが木造の回廊でつながる。

ることができるが、小さな集落はそこまでできず、教会を中心とした小さな要塞をつくり、その中を**緊急避難シェルター**としてきた。有事の際には村民がすべて避難し、一ヵ所の扉を閉めれば籠城できる砦になっていた。プレジュメルのシェルターは次第に充実し、十五世紀には高さ十二メートルほどの城壁になり、その内側に張り付くように小さな住宅が多数つくられ、また学校や店舗、穀物倉庫など日常生活に必要な施設をすべて揃えるようになる。普段は砦の外にある村で生活して、砦の中央にある教会に通うという生活をしていた。

現在見られる姿は一九六二年から

一九七〇年にかけてルーマニア政府によって復元されたものである。壁の曲面に沿って内側に向いて小さいスケールの住空間が多層になって密集している。そこをつなぐ木造の回廊はここが人々であふれている景観を想像すると魅力的である。その生活密度はブリューゲルの描く農村の姿を想像してしまう。しかしここに住んでいるのは外敵に備える有事の期間であって、住民にとってはあってほしくない状況である。いくら立派な施設ができても、できれば無用の長物で終わってほしいものである。その意味ではこの施設、東西冷戦時代につくられた核シェルターのような存在である。

兵器も含めて戦争にかかわるデザインは無駄が許されない機能的なものになることが多い。最小限の労力で最大限の機能を満足させようとするという点では完成度が高いデザインになることが多い。それが必要とされる状況は決して好ましいことではないが、厳しい条件をクリアするなかでもなお快適にし、美しくしようとするためのデザイン行為は存在する。

城壁内に最小限のスケールで展開する。右の壁は教会。平常時は村の教会として機能する。

# 聖域へのバリアー

## 神社の石の間

神道にとっては山や岩や木などがご神体であって、それらに参拝するために神が降臨する場所を示す目印は必要であったが、**当初社殿は必須のものではなかった。**広大な境内をもつ立派な神社が登場するのは中国からの仏教伝来と深くかかわっている。社殿そのものは仏教建築のデザインとの距離感を意識的にもっていたようだが、神社の境内の空間構成は仏教寺院の伽藍があって初めて発想できたのではないだろうか。しかし神仏混淆によって社殿自体も寺院建築との距離感は狭まっていく。

北野天満宮　右が拝殿、左が本殿、間が石の間。

御神体が安置される空間である本殿と参拝者の空間である拝殿は別棟で建てられる

**大崎八幡宮** 奥が本殿、手前が拝殿。権現造は通常拝殿の幅が本殿より広い。

ことが多かった。本殿は一般の参拝者は**入れないどころか近くで見ることも許されない**場所としてデザインされる。それは外部空間においても段差や塀で神聖さを強調している。まったく別棟だった本殿と拝殿は次第に接近するようになる。

**権現造では本殿と拝殿を貫く棟によって一体の建築に近づいていく。**それでも本殿と拝殿は同じ空間とはならず、建物の幅を変えて別の屋根をかけて違う存在であることをアピールするデザインとなっている。さらに本殿と拝殿の間に石の間または相の間と呼ばれる低い空間をはさむ。ここは石敷の場合と床が張られる場合があるが、いずれにせよ**一段下げて本殿と拝殿を区切る意味**がある。神事を執り行うには本殿と拝殿は同じ屋根の下であったほうが機能的ではあるが、あくまで人間のための空間と神のための空間を視覚的に分ける必要があった。権現造の名称は東照大権現と名乗った家康を祀った日光東照宮に由来するが、このスタイルはそれ以前にすでに登場していた。

**段差は最もわかりやすいバリアー**であり、拝殿の床に上がったままで本殿に近づけるのと、一度地面まで降りるのでは**本殿がもつ空間のパワーはまったく異なる**。屋根がつながっていてもなお本殿の独立性を見せることが求められる。

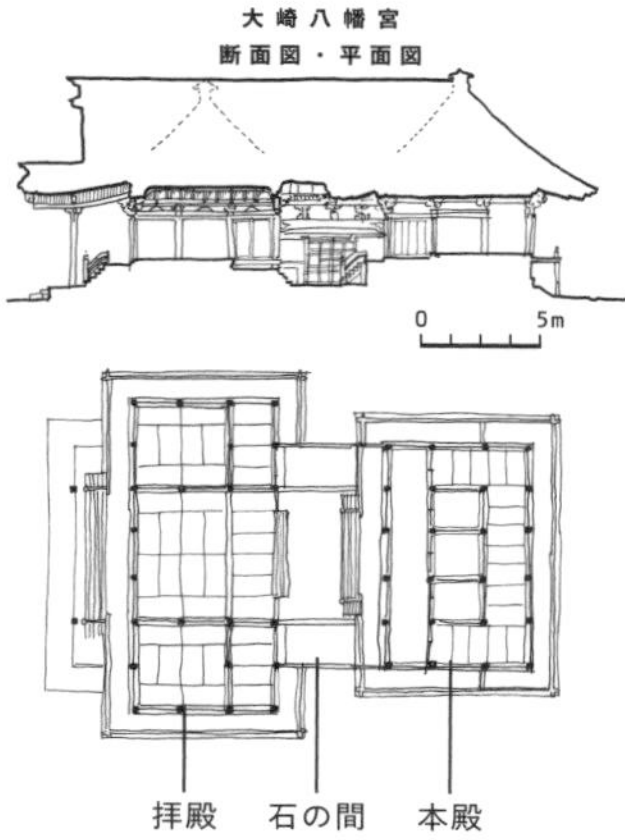

本殿と拝殿の間にバリアーを設ける。

**接近して一体化したい、しかし差別化したいというふたつのコンセプト**を両方成立させなくてはならない。別の意味をもった空間を一体化するデザインが求められる。利便性に配慮した機能的な空間をめざす方向と神聖な空間がもつ力を演出する**デザインのせめぎあい**がこの石の間に現れている。

# 聖域の隠し方

## 諏訪大社（日本）

長野県の諏訪大社は諏訪湖の周囲にある四つの神社から構成されるスケールの大きな神社である。全国各地に多数ある諏訪神社の総本社でもある。諏訪湖の南岸には本宮と前宮からなる上社、北岸には秋宮と春宮からなる下社、と湖の南北に二社ずつあるが上下は諏訪湖の上流、下流であって社格に上下関係はない。

デザイン的に興味深いのは下社の秋宮と春宮の幣拝殿で、そのかたちはよく似ていてどちらも国の重要文化財になっている。秋宮は立川《たてかわ》和四郎富棟という棟梁によるデザイン。

**諏訪大社春宮** 秋宮とほぼ同じかたち。秋宮より遅く着工して早く竣工した。

春宮はそのことを知った棟梁、村田長左衛門矩重《ともしげ》が**同じ図面で安くあげると言って挑戦し、**秋宮より後から着工して一年早く完成させ、**地元の大工の競争となった。**

御神体は秋宮がイチイの木、春宮がスギの木とされ、本殿は存在しない。御神体が木や山の場合本殿のない神社は珍しくない。幣拝殿の奥には宝殿がふたつあり、そのひとつに神輿が収められ、十二年に一度片方を建て替えて神輿が移動する。幣拝殿は

**諏訪大社秋宮**　幣拝殿と左右の片拝殿が並び聖域を隠す。

**諏訪大社春宮**　片拝殿の屋根は参拝者の意識を奥へ向かわせるデザイン。

その奥中央にある御神木への参拝の場であるが、建築そのものが、**見えそうで見えないスクリーン**の役目をもっている。

中央部は楼門式の幣拝殿で軒の出は大きく唐破風が強い求心性を表現している。現在銅板葺きの屋根は当初檜皮葺きだった。その幣拝殿の左右には片拝殿があり、楼門を引き立てるような一体性のある建ち方をしているが、この三つは構造的には完全に切り離されている。前後非対称の切妻の片拝殿は奥へ意識を向かわせる強い方向性がある。また片拝殿は幣拝殿の軒の下に入り込んでいるがあくまで屋根は離れていて別の建築になっている。頭が大きく覆いかぶさるような幣拝殿と袖状に広がる片拝殿、この三つの建築が並ぶことで強い象徴性を演出している。

諏訪大社春宮　奥がかすかに見えている。

しかし単に立ちはだかるのではなく、全体が透けていて向こうが見える、それでも完全には見えないという絶妙なスクリーンがデザインされていて、奥にある**御神木のパワーを強調**している。御神木と参拝者の関係が上手く演出されているのだが、実は神仏習合の時代には御神体とともに秋宮には千手観音が、春宮には薬師如来が祀られていて、信仰の軸線はもっと混沌としていたようだ。

# 宗教を超えるパワー

## 持ち出されるオベリスク

オベリスクは古代エジプトのモニュメントで、その名はギリシア人が**焼き肉の串を意味するオベリスコ**と呼んだことによる。古代エジプトでは保護、防御を意味するテケンと呼ばれていた。**ギリシア人の古代エジプトに対する命名センスはかなりエジプトを見下したもの**で、ピラミッドも三角形のパンを意味するピラミスが語源になっていて、古代エジプトではメルと呼ばれていた。当時の名称がわかっているのに現代の呼び方を変えないのは不思議である。

パンテオンの前のオベリスク（ローマ）
バロックの噴水の上に建つ。

世界に現存する古代のオベリスクは三十本でエジプトに残るのは七本、ローマに十三本、フランス、イギリス、アメリカ、イスラエルなど各国に存在する。さらに**地**

**中海に数本沈んでいる**ようだ。エジプトから合法的に持ち出されたものもあるが、略奪されたものも多い。パリのコンコルド広場に建つものは**ナポレオンが時計と交換して運ばせた**ものだ。

古代エジプトの太陽神のシンボルがなぜここまで好まれるのだろうか。その多くは花崗岩の塊で、テーパーがついた四角柱の頂部が四角錐になっている。周囲はヒエログリフで書かれた王の名前や神への賛辞などで覆われている。これだけの長さが**ひとつの石からつくられている**のも重要だが、この巨大な石塊をわざわざ海上を長距離輸送しようと思わせるのは、**この造形が何かパワーをもっている**としか思えない。ヴァティカンのサンピエトロ大聖堂の前、あの巨大な広場の中央に鎮座しているオベリス

**コンコルド広場のオベリスク**（パリ）
ルクソール神殿にあったものの片割れ。

**パリのオベリスクの片割れ**（ルクソール神殿）
右側のものがナポレオンによって持ち出された。

クは、古代ローマのカリギュラ帝によって運ばれたとなっているが、当初どこにあったかは諸説ありわかっていない。一度はローマのほかの場所に建てられたが、サンピエトロ広場の整備に合わせて一五八六年、シクスタス五世によってここに移設された。これは表面にヒエログリフがない**無地のオベリスク**である。ヒエログリフがないとしてもローマ・カトリックの総本山の正面に古代エジプトの太陽神を称えるモニュメントを建ててよいのだろうか。当時は正確な歴史観はなく、古代エジプトがどんな宗教、文化であったかわからなかったのだろう。このシンプルなデザインがもつ価値の永続性は宗教的な意味をはるかに超えている。形態がもつ力は当初の機能には関係ないということのようだ。

サンピエトロ大聖堂前のオベリスク（ヴァティカン）
どこにあったものかは不明。

サンタニェーゼ・イン・アゴーネ教会前（ローマ）
古代ローマの戦車競技場跡。

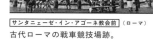

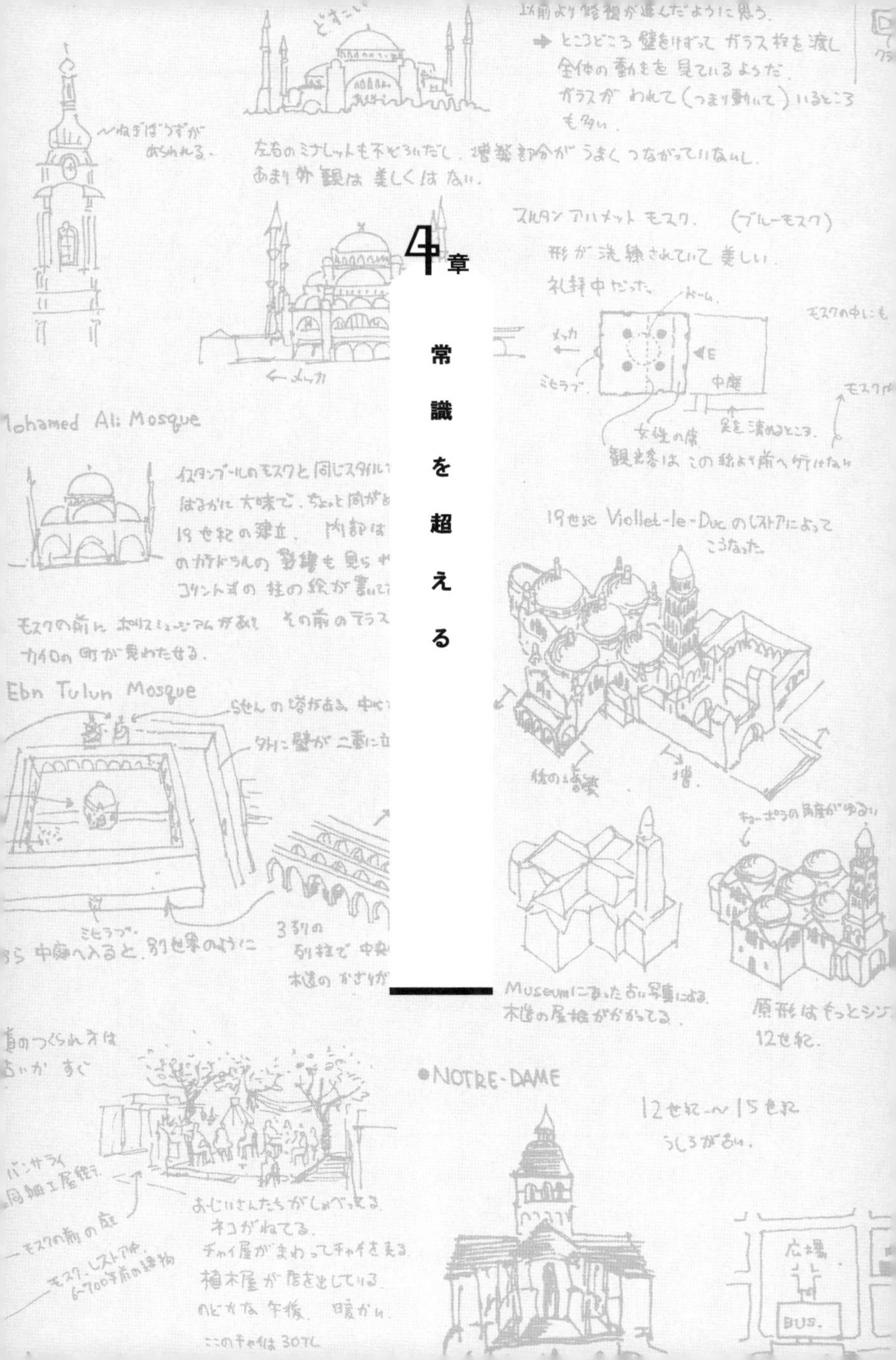
以前より修復が進んだように思う。
→ところどころ壁をはずってガラス板を渡し全体の動きを見ているようだ。
ガラスがわれて（つまり動いて）いるところも多い。
どすごい
ねぎぼうずがあらわれる。
左右のミナレットも不ぞろいだし、増築部分がうまくつながっていないし。
あまり外観は美しくはない。
スルタンアハメットモスク。（ブルーモスク）
形が洗練されていて美しい。
礼拝中だった。
ドーム
メッカ
ミヒラブ
中庭
女性の席
足を清めるところ
観光客はこの線より前へ行けない
Mohamed Ali Mosque
19世紀 Viollet-le-Duc のレストアによってこうなった。
Ebn Tulun Mosque
ミヒラブ
Museumにあった古い写真による。
木造の屋根がかかってる。
12世紀。
NOTRE-DAME
12世紀～15世紀
うしろが古い。
モスクの前の庭
おじいさんたちがしゃべってる。
ネコがねてる。
チャイ屋がまわってチャイを売る。
植木屋が店を出している。
のどかな午後。暖かい。
ここのチャイは30TL.
広場
BUS.

# 4章 常識を超える

建築は前例の参照なしには存在しえないほど過去のかたちを受け継ぐものだが、歴史の中で時々前例をはるかに超える独創的なデザインが登場する。常識を超えようとするその行為はみんなが模倣することで新しい常識になってしまう。そこから建築史の流れが大きく変わることもあるが、一方その建築がいかに大胆で画期的であってもそれを評価しているのは現代の目だけであって、その後だれにも真似されないという孤高のデザインも存在する。数百年、数千年前から、それまでに見たこともないものをつくろうとする力強いデザイン行為は存在していた。しかし前例を超えるということもまた前例を意識し、参照していることになる。

# 浮き上がるドーム

## ハギア・ソフィア（トルコ）

トルコのイスタンブールにあるハギア・ソフィアが画期的なのは巨大なドームを実現したことと同時に**そのドームを軽々と浮かせた**ことである。真下から見上げると周囲に並ぶ窓から入る光でまるで石の素材感がなく**明るい円盤が空中に浮いている**ように見える。これこそが大きなテーマだったと思われる。

現在の建物は五三七年に完成しているが、五五七年の地震でダメージを受け、翌年に中央ドームの半分が崩壊している。ドームの高さを高くし、補強をするなどの手が加え

ミナレットが付き、補強され、外観は当初の姿とは異なっている。

巨大なドームの周囲に並ぶ採光窓。ドームは真円ではない。苦労のあとがわかる。

られ五六二年に完成した。しかしその後も九八九年と一三四六年に崩落をおこしている。構造計算などしていなかった時代によくこれだけの空間をつくったし、崩落しても諦めずによく再建を続けたものだ。当初は現在よりドーム下に並ぶ開口部が大きく、改修のたびに小さくなっていったという。それでも石のドームの足元にこれだけの開口があるのは驚異だ。このおかげでドームが軽く見えるだけでなく、ドーム面を明るく照らすことになる。

このドーム下に並ぶ開口の照明効果はすでに各地のビザンティン教会で実践されてきたので、その集大成ともいえるが、それまでの開口は数が少なく、**スポットライトのようにドームのキリストを照らす**状態であった。ハギア・ソフィアの近くにその先行試作ともいえるハギイ・セルギオス・カイ・バッコスがある。それ以前の教会と比べるとドームは大きくなり、構造的にも一歩先へ進んだが、ドーム下の開口の数はまだ少ない。

現在ハギア・ソフィアは博物館として、教会時代のインテリアとその後のオスマン帝国のモスク時代のインテリアが共存していて、かつて存在しなかった空間になっている。ドームはモスク時代の状態に復元されているため当初の姿は見られない。

ドームの演出効果は完成されたのだが、その後東方正教会ではより神秘的な内部空間を求めるようになる。巨大なドームは必要なくなり、実質的にこれを継承する教会はつくられなかった。技術的に実現可能になり、**人々に感動を与えたはずだが、教義上は必要ないデザイン**だったようだ。ところがこのデザインはオスマン帝国のモスクとして絶賛され、**オスマン建築の定番と**なっていく。

正方形の平面に円形のドームをかける方法はここに完成した。

# 宗教を超えるデザイン

## オスマン建築のドーム

アナトリアの小国からはじまったオスマン帝国は次々と領土を広げ、一四五三年コンスタンティノープルを陥落し首都とした。そのとき東ローマ帝国の象徴的な教会であったハギア・ソフィアは築後約九百年経っていた。しかし異教の建築として破壊することなく教会からモスクに転用することによって、首都の丘にそびえ続けた。それだけでなく陥落の十年後にはハギア・ソフィアをお手本としたモスク、ファーティフ・ジャーミを建てることになる。これは地震で崩壊して現存していないが、**教会をお手本としてモスクをつくってしまうほど、ハギア・ソフィアは宗教を超えた魅力があった。**本来モスクは

スレイマニエ・ジャーミ　崩壊、補強を繰り返したハギア・ソフィアと比べると、計画的にデザインされている。

スレイマニエ・ジャーミ　このドーム空間がオスマン帝国のモスクの標準となった。

メッカの方角へ向かって祈りを捧げる場所であり、奥へと向かう方向性が求められる。その機能を考えると上昇感や求心性とは無縁なはずである。そんな問題を軽々と超えてこのデザインが**オスマン建築のプロトタイプ**となってしまうところがおもしろい。ここでは**形態は機能にしたがわず、直感的な感動にしたがった**ということだろうか。ちなみにそれまでのオスマン帝国のモスクは長方形の箱に同じ大きさのドームが並ぶ列柱空間であった。

このハギア・ソフィアスタイルを洗練させていくのが、建築家ミマール・スィナンである。ミマールとは建築家という意味で、**本名もわからない謎の人物である。**キリスト教徒の出であるらしいが、純粋に感動的なドーム空間に興味があったのだろう。五十代でスルタン付きの建築家となり、初めてモスクを手がける。八十歳を過ぎるまで三百三十以上を手がけていることになっているが自筆の図面が一枚も残っていない。**ドームのかけ方のコンセプト**を示しただけだったのかもしれない。

スレイマニエ・ジャーミ　側面はハギア・ソフィアとまったく違う。

スィナン初期の代表作スレイマニエ・ジャーミはハギア・ソフィアとほぼ同じ大きさだが、そのインテリアはかなり異なっている。ハギア・ソフィアは金色のモザイクタイルで覆われた一体感がある暗めの空間の上に載るドームから光が降りてくるが、スレイマニエ・ジャーミは赤白の石などエッジがしっかりしていて、側面の開口部から入る光が空間の骨格を明るく見せている。**ハギア・ソフィアをお手本としつつ、すでに別の世界へ一歩踏み出している。**

# 逆転するデザイン

## サン・フレディアーノ聖堂（イタリア）

北イタリア、ルッカにあるサン・フレディアーノ聖堂は、ロマネスク様式の教会で、その名前はアイルランド出身の初代司教の名前に由来する。教会自体の創建は六世紀に遡るが現在の建物は十二世紀半ばの再建である。その後中央部を高く改造し、さらに十三世紀から十四世紀に特異なファサードが完成した。この不思議なファサードは正面中央上部に絵を掲げるような手法で家の形の大きなモザイクの壁があり、その上部にはモザイクを保護するための庇が出ていてまさに屋外

背面。上部の列柱は付近の遺跡から持ってこられたもの。

庇付きモザイク看板のファサードは珍しい。

**広告看板**の様相である。まるで看板建築のようにファサードの上部にひとまわり小さい切妻の家型ファサードを載せる手法は、同じルッカのサンタレッサンドロ・マッジョーレ教会にも見られる。その**家型の壁に何か飾るものはないかとの発想**で生まれたのかもしれない。

カトリックの教会建築は基本的に最も重要な祭壇部分をほかの部分と差別化して演出する。特に初期教会建築ではこの祭壇部分が四分の一球のドームでその内側に金色をベースにしたモザイクでキリストが描かれることが多い。その一番奥の祭壇にあるべきモザイクによるキリストの姿がファサードに出てきてしまっている。**いきなりクライマッ**

**クスシーンからはじまる**ような、壮大なネタバレのような、それまでの**教会の空間構成のルールをひっくり返しているデザイン**である。もっともロマネスクの教会にはタンパンと呼ばれる入り口上のアーチ部分にキリストが石のレリーフとして表現されることも多く、サン・フレディアーノの正面モザイクはその拡大版という解釈もできそうである。しかしここのモザイク表現方法は祭壇のドームに描かれていた方法そのもので、いわば**屋内仕様の表現**であり、庇を付けてまで屋外に持ち出したところがおもしろい。教会に限らず宗教建築はそのデザインが確立するとなかなかそのルールを変えられなくなる。しかし何かのきっかけで新しいデザインが生まれ一斉に流れが変わることがある。サン・フレディアーノの看板モザイクはそのきっかけになりうる新しいデザインではあったが**追随されることはなく流行することもなかった。**しかしやはりだめだったかと壊されることもなく今日まで残っている。

通常、内部祭壇には金色のモザイクがあるが、ここにはない。

# 重力からの開放

## サント・シャペル教会（フランス）

パリのサント・シャペル教会はフランス・ゴシック教会の傑作のひとつである。建ったのは十三世紀半ば、盛期ゴシックに相当し、大聖堂は都市のシンボルとしてその街の住民すべてを収容できる規模へと巨大化していく時期である。だが、サント・シャペルはルイ九世の聖遺物コレクションを収めるためという成り立ちから、とても小型な建築になっている。ゴシック建築を見分ける重要アイテムであるフライング・バットレスはここにはない。しかしもうひとつゴシックがめざした表現である、**重力から解放された超物質感の世界**は見事に実現している。この意味で**ゴシックらしさがよく現れている**傑作のひとつである。

フライング・バットレスはないが、内側から見えない控え壁がある。

祭壇部分を見上げる。とても石造には見えない。

内部は二層になっていて、二階は王のための礼拝堂であり、ステンドグラスに囲まれた明るい空間になっている。窓の外側には太い控え壁が隠れているが、室内側にはごく一部しか現れず、室内からその太さは見えない。しかも細い丸柱を束ねた縦のラインで分割されているため屋根は軽々と浮いていて、まるで**ステンドグラスが支えているようにしか見えない**。これが透明ガラスだったら、たとえ当時の透過性が低いガラスであっても、外の柱が丸見えになってしまうが、ステンドグラスであるからこそ、光が拡散して、外の柱の存在を消している。さらに、王専用ということで側廊をもたない一室空間としたことで、一段と光あふれる空間にすることができている。これは**開口ではなく壁が光っている**ともいえる。また天井や柱の彩色によって素材感を消していて**石造であることを忘れさせている。**しかし実はこのヴォールトには当初から鉄のタイバーが隠されていて重要な補強材となっている。このデザインの目標は石造で石造とは思えないものをつくるということではなく、**ミサのための神の空間を体験させる**ことであった。

同じ面積の1階はまったく違う表現になっているが、こちらも石を積んでいることを意識させていない。

高さが低い閉鎖的な空間である一階は臣下のための空間で、意図的に二階とは逆の空間をつくり出している。厚い壁に囲まれているがその内側にきわめて細い柱による列柱があり、壁に覆われていながら閉塞感を消す効果をもたらしている。

ゴシックの巨大な聖堂とは少し異なる方法ではあるが**ゴシック建築の神髄を表現している**すばらしいデザインである。

# シンボル三段重ね

## 鹿苑寺金閣（日本）

金閣は足利義満の住まいである北山第の中に建てられた。日本の美しい建物の代表格とされているが、果たして本当に美しいのだろうか。放火炎上の経緯とそれを描いた小説によって美しさが強調されているのではないだろうか。確かに金箔を貼った姿に目がいってしまうが、よく見ると**デザイン的にはかなり不思議な構成**をしている。

一階は寝殿造、二階は書院造（和様仏堂風、武家住宅風でもある）、三階は禅宗様の仏堂となっていて、まったく異なる様式を三段積み重ねて構成されている。一、二階は長方形

1、2階は長方形平面だが3階は正方形平面の仏堂スタイル。花頭窓と桟唐戸が禅宗様のアイコン。

1階は寝殿造、2階は書院造（武士の住まい）、3階は禅宗様の仏堂。シンボル三段重ね。

平面、三階は正方形になり宝形の屋根が載る。そこにどんな意味があるのだろうか。寝殿造は平安貴族の住まいで、初期の武士階級は平安貴族の生活へのあこがれがあったといわれている。足利義満は公家である西園寺家の土地を取得し北山第として巨大な寝殿造をつくった。その寝殿である天鏡閣と金閣とは廊下でつながっていた。金閣の一階は開放的な寝殿造＋釣殿のように見えるが北山第には別に大きな釣殿があったようだ。つまり大きな寝殿造につながっていた金閣になぜ釣殿的な出っ張りをもつ縮小版の寝殿造、**記号としての寝殿造**、あるいは**概念としての寝殿造**を表現したのだろうか。そしてなぜ一階には金箔を貼らなかったのか。あこがれの存在であった貴族の住まいである寝殿造の上に金箔張りの武士の住まいと仏堂を置くことで武士の生活が平安貴族の生活を超えたことを表現していたのだろうか。一方ほぼ同時期に義満は相国寺《しょうこくじ》に七重塔を建てているし、吉備津神社の再建という、次項で述べる、とても変わった建築にかかわっている。建築で力を誇示したという見方もあるが、**ただ単に「すごい建築」がつくりたかっただけ**という可能性もある。

軒裏まで金箔張りというのは豪華で重厚な表現につながりそうだが独特な軽さがある。三階は禅宗様の仏堂をベースにしながら扇垂木にはせずに屋根を薄くして軽く見せる表現になっている。一階が素地でしかも開口が大きいのも軽さにつながっている。この**異種三段を絶妙なバランスでまとめたところが棟梁のデザインセンス**である。

この表現がクライアントの依頼だとすると、いったいどのような言葉で指示していたのだろうか。

1階には寝殿造の釣殿の縮小版を付けて、1階部分が寝殿造を意味していることを示す。

# 浮遊する社殿

## 吉備津神社（日本）

岡山市の吉備津神社は、吉備国の総鎮守であった由緒ある神社で、その創建には諸説あるが、九世紀にはすでに存在していたという。本殿は室町時代、一三九〇年の建築で、**比翼入母屋造と呼ばれるきわめて独創的なデザイン**である。特異な屋根形状だけでなく、亀腹の上に完全に載っていて高欄がキャンチレバーで出ていることなどの要素が重なって**強い水平感と浮遊感**を生み出している。通常は高欄を支える束の後ろに隠れている亀腹が完全に露出していることによって、その曲面が影のグラデーションをつくり、**まるで雲に乗っているかのように**

雲の上に乗るような比翼入母屋造の本殿。雲の上に乗るというのは神道的より仏教的に見える。

拝殿は柱を貫が貫通する大胆な大仏様が全面的に採用されている。

**見せている。**

内部も変わっていて内陣が中央にありそこが一段高く、強い求心性がある。寺院には内陣、外陣で前後の関係をもつ平面と阿弥陀堂のように求心性をもつ平面があるが、神社では求心性をもつプランは珍しい。廃仏毀釈前はこの神社にも僧侶がいたというが、内部空間はきわめて寺院的な特性をもっている。求心性をもつ阿弥陀堂建築の影響があった可能性は十分考えられる。

拝殿は**本殿のシャープな造**

**形の邪魔**をしているような取り付き方に見え、後年の増築のように見えてしまうが、この拝殿は本殿と同時に建築されている。国宝としても一体の建築物として指定されている。その意外な対比も意識していたと思って改めて見ると、かなり**きわどいデザイン**といえる。拝殿は柱を貫が貫通する大仏様の大胆な組み方で開口部も開放的で本殿に劣らず類例がない造形をしている。大仏様の多用と大胆なデザインは二代目東大寺大仏殿をつくった重源の関与が考えられるが、この社殿は重源の没後の建築である。姿がわかっていない焼失した前身建物が重源の設計で、今の社殿はそのデザインを踏襲しているという可能性がある。この再建をはじめたのは足利義満である。金閣造営とほぼ同時期である。変わった建築の造営にかかわりたかった義満がこの前身社殿を知っていて再建をはじめた可能性はないだろうか。水平を強調した構成と浮遊感。デザインとしては一級品だと思うが、先進的すぎて受け入れられなかったのか、後世の神社にこのスタイルが模倣されることも影響を与えることもなかった。**神社建築史上、孤高のデザイン**である。

本殿下部。通常は床下の束に隠れる亀腹が露出してキャンチレバーの高欄が廻る。

# 裳階のデザイン

## 薬師寺（日本）

裳階《もこし》とは寺院建築の階の途中、屋根の下に本体の構造から外側に張り出した部分を指し、その理由について一般には空間を広げるためとか外壁を風雨から守るためとかいわれている。しかし本当の理由は何だろうか。

裳階がある建物として有名なのは法隆寺金堂、薬師寺三重塔などで上層に裳階が付く例は少ない。特に薬師寺は復元された金堂も含めて裳階が好きなようだが、**これが各地で大流行することはなかった。**薬師寺は三重塔も金堂も裳階部分に床があるわけではなく空間を広げるためとは考えにくい。法隆寺金堂は創建時、裳階

法隆寺金堂　当初は裳階がなく太い柱が見えていた。

復元された薬師寺金堂　中心部はご本尊を守るためコンクリート造。華やかな2階建てに見えるが2階に床はない。なぜ薬師寺はここまで裳階好きだったのだろうか。

はなく後の増築でこうなったが、金堂は大勢の人が入るわけでもなく、構造の柱が内側に並ぶので床面積を広げるというメリットは少ないと思われる。つまりどちらも外観を整えるため、美しくするためと思われる。しかし法隆寺金堂では裳階によって安定感を増しているが薬師寺三重塔では裳階によって浮遊感を増している。では何がそのポイントかというと**構造体である太い柱を隠すこと**ではないだろうか。

寺院建築は太い構造体を強調して見せる表現が多いが、その裏返しとして構造体を隠すデザインとして存在しているのではないだろうか。裳階部分も柱は見えるが、構造体の柱よりはるかに細く繊細に見え、そこに価値があると気づいた人による**画期的な前衛のデザイン**ということだ。しかしやはり力強い構造体を見せたほうが美しいとする美意識も同時に存在していてむしろそのほうが多数派だったから裳階は爆発的な流行にはならなかったと考えられる。

これは**現代のカーテンウォールと同じ**ではないだろうか。カーテンウォールは近代建築のなかで生まれたと思われているが、構造体の外側の被膜のような壁という定義で見ると、石造の壁の外側に木造の被膜をつくる建築はもっと前から存在した。カーテンウォールは構造体から大きく張り出すこともあるが、すぐ外側に付くこともあり、これを採用してもしなくても機能的には大差はない。コンクリート造でも構造体を見せる方法と隠す方法が同時に存在し、見かけの問題で決まる。**どちらが優位という問題ではなく好みで決まる。**裳階とはそのような存在だったのではないだろうか。

復元された薬師寺西塔　3層にも6層にも見えるが上層に床はなく1階建て。

オブジェとしての建築

## 五重塔

一般に誤解されていることが多いが、日本の**五重塔は五階建てではなく一階建て**である。つまり床は最下層にしかなく、その上はすべて屋根裏である。多層塔は中国から伝わったものだが、中国では多くの塔で上の階に上ることができる。日本に伝わるときに内部空間が消えたということだ。

多層塔の起源は古代インドの仏舎利を祀る仏塔、ストゥーパであるが、当初は土の饅頭型であった。それが中国で層塔状の楼閣になり、朝鮮半島経由で日本に伝わった。三重、五重、七重、十三重と奇数になっている。しかし日本以外で現存する木造の遺

海龍王寺五重小塔　相輪を含めた高さ4.01メートル。国宝指定のジャンルは工芸品ではなく建造物。

構はわずかである。

韓国に唯一残る木造五重塔、法住寺捌相殿《ポプチュサパルサンジョン》は上層にはやはり床はないが、当初は壁もなかったらしい。もしかすると木造仏塔の起源は屋根だけの塔だったのかもしれない。

日本最古の法隆寺五重塔以来、斗栱や逓減率（最上層と最下層の幅の差）、心柱の扱いなど変化はあるが、寺院のほかの建物の時代による造形の変化に比べると塔の基本形はほとんど変わっていない。ここまであきられずに好みが安定しているデザインも珍しい。

多層塔は建築ではなく、**建築のダミー、あるいは建築のかたちをしたオブジェ**と見たほうがよいのかもしれない。しかしなぜ一見上れそうなデザインにしたのだろうか。いや逆になぜ上れるようにしなかったのだろう。上層にはバルコニー状に高欄が付き、

教王護国寺五重塔　落雷や不審火で4回焼失し、現在は5代目。高さ54.8メートル。木造塔で日本一の高さ。

瑠璃光寺五重塔　醍醐寺、法隆寺とともに日本三名塔のひとつ。バルコニー状の回縁は2層目のみに付く。

醍醐寺五重塔　日本三名塔のひとつ。
高さ38メートル。京都府最古の木造建築物。

手すりも付いている。外に出られるように見える扉まで付いているが、**内部に床はない**。

奈良の海龍王寺の室内に安置されている五重小塔は八世紀前半と古いものだが、初重に壁も扉もない。ただの箱に斗栱を貼り付けた状態で、内部は再現されていない。つまり建築の構造模型ではない。それでもこの塔はごく初期の例として五重塔のひとつとして扱われているところから、大小に関係なく同じ建築のかたちをしたオブジェだったといえるのではないだろうか。

五重塔は後に内部に仏像を安置する塔も出てくるが基本的には上層に床がないオブジェであり、人は**中に入らないで見るだけの存在としてデザインされてきた**。五重塔は土饅頭型ストゥーパの延長上にあり、建築とは何かという定義が現代とはかなり違っていたのかもしれない。

# 屋根の上のダミー

## 浅間造

静岡県の富士山本宮浅間《せんげん》大社は全国各地に多数ある浅間神社の総本社である。富士山を御神体とする神社で、山頂にある社はこの神社の奥宮にあたり、富士山八合目から上の土地もこの神社の所有である。

創建は古く、七八一年の富士山噴火後、鎮めるために祀られたという記録がある。現存する本殿、拝殿、楼門は江戸幕府が開かれた翌年の一六〇四年、徳川家康による造営で、重要文化財の本殿は屋根の上に流造の小さな社殿が載った浅間造と呼ばれる珍しいつくりをしている。二重の楼閣になっているというよ

どう見ても小さな社殿をそっくり上に載せたつくりだが床はない。

正面から見ても拝殿の上に本殿の屋上看板がそびえている。

り、別の建物が飛んできてそっくり載ったような状態である。参拝するとき富士山を仰ぎ見るように視線が上へ向かうことを意図してつくられたようだが、参道と本殿を結んだ軸線の延長上に山頂があるという幾何学的な整合性はない。富士山を背にしたアングルを意識するという意味ではないようだ。

この造形の異常さもさることながら興味深いのはこの屋上にある三間社流造の社殿には床がないことである。正面に階段も付いているが、その階段まで人が到達することはできない。つまり外観だけのダミーである。そのまま地上に降ろせば普通の社殿として機能するサイズではあるが、**屋上立体看板**といってもよい存在である。寺院の五重塔には上層に床はないし、大寺院の本堂でも二階建てに見えて二階の床がないというハリボテ状態はよくある。しかし神社でこの手法はほとんど見られない。また神社では本殿は結界の奥に隠れていて一般の参拝者には見えないのが普通だが、ここではまる見えである。ここで寺院の手法と神社の手法が合体したといえそうだ。明治になるまでは神宮寺や鎮守社など神社の中の寺院、寺院の中の神社は多かったが、ここもかなり神仏習合が進んでいたようで、三重塔があった記録や僧侶がいた記録もある。屋根上にダミーの社殿が載ったデザインでもあまり抵抗はなかったのかもしれない。しかし**浅間造は神社建築において異形の筆頭**だろう。

この浅間造はほかに三社あり、静岡市葵区、横浜市西区、東京都大田区と、いずれも富士山が見えた場所であるが、どの神社も社殿や参道の軸線は富士山の方角とはなんら関係なく、そこには興味はなかったようだ。

神社は本殿を隠すことが多いがここは後ろから見ても丸見え。

# 立体巡礼路

## 旧正宗寺円通三匝堂（日本）

福島県会津若松市にある旧正宗寺の円通三匝堂《えんつうさんそうどう》は、通称さざえ堂と呼ばれ十八世紀末の建築である。仏教の礼法である右繞三匝《うにょうさんそう》によって、右回りに三回巡ることで参拝できるようになっていて、本来は三匝堂という。二重螺旋のスロープによる回廊を内包していて、その途中には三十三の観音像が安置されていた。スロープとしては少し急だが、ここを上り、頂部で橋を渡って反対側の螺旋を下りることで、すれ違うことなく三十三の観音様を巡ることができる。しかし正宋寺は神仏混交だったため明治の廃仏毀釈で廃寺になってしまった。このとき以来さざえ堂は観音像を外され、個人の所有

唐破風の入り口が付いているあたりがさざえ的外観。

になったが、その形態はそのまま保存された。このさざえ堂、かなり特異な構造で、よくこのような建築を木造でつくろうと思い立ったものだ。当時**札所巡りのスタンプラリー**が各地で流行していたが、それを一ヵ所でやってしまおうという発想はおもしろい。しかし外観は美しいかというとそうでもない。六角形の平面を斜めに上る貫が外部にそのまま見え、全体のプロポーションもかなり無理をしている。向背部分の取り付き方など、いろいろと上手く納まっていない。とはいえ、この構成を木造で実現させたことに価値がある。さざえ堂とはよく名づけたもので実際に**さざえを連想させる独特な無骨さが魅力**でもある。

少々急なスロープを上る。

スロープに合わせた庇と水平の屋根。

初のさざえ堂は江戸時代後期、現在の東京都江東区にあった羅漢寺で、現存していないが上り下り別ルートのスロープで百の観音像が安置されていたようだ。名所江戸百景にも出てくる。以後、さざえ堂とい

最上部で反対側に渡り別のスロープを下る。

う名がつけられた建築は関東から東北にかけていくつかつくられ、けっこう流行していたようだ。茨城県取手市の長禅寺三世堂や、群馬県太田市の曹源寺本堂など、一方通行で上って下りる通称さざえ堂が現存しているが、いずれも二重螺旋スロープの形状ではないので外観からは中の通路はわからない。青森県弘前市の蘭庭院のさざえ堂は、外観はさざえに似ているが二重螺旋ではない。

**内外共にさざえに徹していた**のがこの円通三匝堂で、その構造の特異性から重要文化財となった。さざえ堂人気は明治に入っても続き、なんと平成になってからも新築されている。

# 実現への執念

## ザンクト・ヨハン・ネポムク教会（ドイツ）

ミュンヘンにあるザンクト・ヨハン・ネポムク教会は十八世紀半ば、アザム兄弟によって設計されたバロック建築である。アパートと並んでファサードが街並みに埋め込まれている小さな教会だが、これは彼らが自宅の隣に**自費でつくってしまったもの**で、やりたい放題**やりきったバロック**といえる。

設計者アザム兄弟の父、ハンス・ゲオルクは天井画の画家で、兄弟揃ってローマのアカデミーでイタリア・バロック芸術を学んでいる。兄コスマス・ダミアン・アザム

街並みに埋め込まれたうねる曲面ファサード。

細長い敷地であるが壁面がうねっている。天井画の右上に見える塔は見上げた状態で描かれておりゴシック風。

は油絵とフレスコ画、六歳下の弟エギト・クウィリン・アザムは彫刻とスタッコ細工が専門で、郷里に戻って共同で建築を手がけていた。

バロック建築は権力の表現という点はドイツでも高く評価され、宮殿建築ではバロックは広く採用された。しかしバロック建築の生い立ちが宗教改革に対抗するローマ・カトリックの威信回復の表現であったため、宗教改革発祥の地であり、すでにゴシックの大聖堂の姿が定着していたドイツではあまり好まれなかった。

アザム兄弟はイタリアのバロック教会の空間を経験し、その神髄を学び、ドイツでその集大成の設計をしたかったのだろう。ザンクト・ヨハン・ネポムクに先立ってヴェルテンブルクのベネディクト会修道院教会の内装やレーゲンスブルクの聖エメラム教会の改修も手がけてイタリアで学んだバロックを活かしている。しかし大聖堂の新築を手がけるチャンスはなかった。彼らはファサードも含めて教会のすべてを設計したかったのだろう。**だれもクライアントがいないとなれば自費でやるしかない。**しかしアパートのブロックの一角でファサードは道路側にしかない。教会の敷地としてはかなり制限されているが、そこに思いをぶつけているところが逆に独特な迫力を生んでいる。だまし絵まで駆使して教会らしいインテリアを実現している。しかしザンクト・ヨハン・ネポムクを実現しても**それを見て大聖堂の設計を彼らに依頼するようなクライアントはいなかった。**

この教会はバロック建築の研究者からは正統派バロックとは見られていないかもしれない。しかし**これだけの情熱を注がせてしまうパワーこそバロックのバロックらしいところ**だろう。

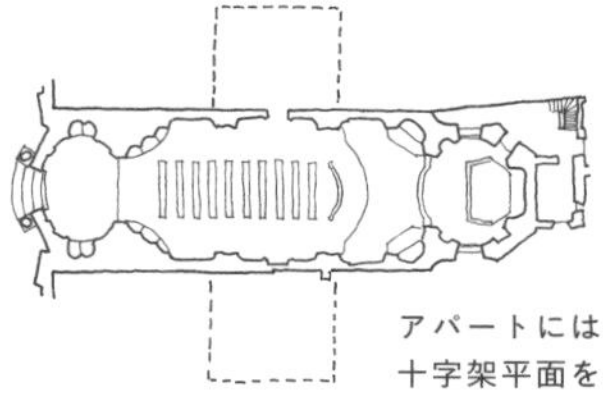

アパートにはさまれた敷地でも十字架平面を感じさせるように両側面にはだまし絵がある。

# ブランド建築のはじまり

## ブルネレスキ

ルネサンスは建築家がその個性を発揮し芸術家として認められた時代、いわば**建築におけるデザイナーズブランドがはじまった時代**である。建築家フィリッポ・ブルネレスキは一四一八年、フィレンツェのサンタ・マリア・デル・フィオーレのドームのコンペで一躍有名になった。

一四二八年サント・スピリト聖堂の再建計画を依頼されて彼が出した案は当初の聖堂の向きを逆にしてアルノ川へ向から新たな軸線をつくる配置計画であった。しかし案は曲面を多用した聖堂本体の斬新なデザインとともに、立ち退くことを要求された

**サンタ・マリア・デル・フィオーレ**　ブルネレスキがかかわったのはドームより上だけ。ルネサンス建築の代表ではあるが、下部はゴシック建築。

土地所有者に反対されて、教会に却下されている。

その後ブルネレスキは、コジモ・デ・メディチの邸宅の設計を依頼される。おそらく勇んでプレゼンテーションしたであろう案は「世人の嫉妬という草木に水をやってはならない」と言われ、派手すぎるという理由で却下されている。飛ぶ鳥を落とす勢いで仕事を得ていたブルネレスキは落胆したことだろう。その後パラッツォ・メディチはミケロッツォ・ディ・バルトロメオが設計することになる。そして派手すぎたブルネレスキのパラッツォ案をピッティ家が買ったといわれている。その後両側に増築されてさらに派手なファサードになっている。

もっともこの話は後年の捏造の可能性があって、はっきりしない。パラッツォ・ピッティの着工は一四五二年、ブルネレスキの死の数年後であり、設計にブルネレスキが関与したかどうかについて

サント・スピリト聖堂　ファサードは未完のまま。曲面が並ぶ姿が実現していたらかなり目立っただろう。

パラッツォ・ピッティ　両側は後年の増築。確かに派手なパラッツォであるが、後にメディチ家の所有となる。

否定的な見方がある。メディチ家とピッティ家はライバル同士であり、派手なことを好まないメディチ家と派手好きなピッティ家だからこそ出てきた逸話かもしれない。

しかしこの話が事実ではなかったとしても、こういう逸話が残るということは**建築家とクライアントの関係がそれまでになかった状態になっていた証し**である。建築家がクライアントの意図にそぐわないものを提案したり、クライアントが建築家に依頼して出てきた案を却下したりすることは、それ以前はありえなかった。ルネサンス期に建築家は初めて芸術家として認められたといわれるが、同時に建築家が好き勝手に提案するようになった時代でもあり、**クライアントとの不幸なトラブルがはじまった時代**ともいえる。

パラッツォ・メディチ　ミケロッツォ・ディ・バルトロメオの設計。ブルネレスキ案に比べると妬みを買わない建築をデザインできたということか。

# 5章

# 美意識とデザイン作法

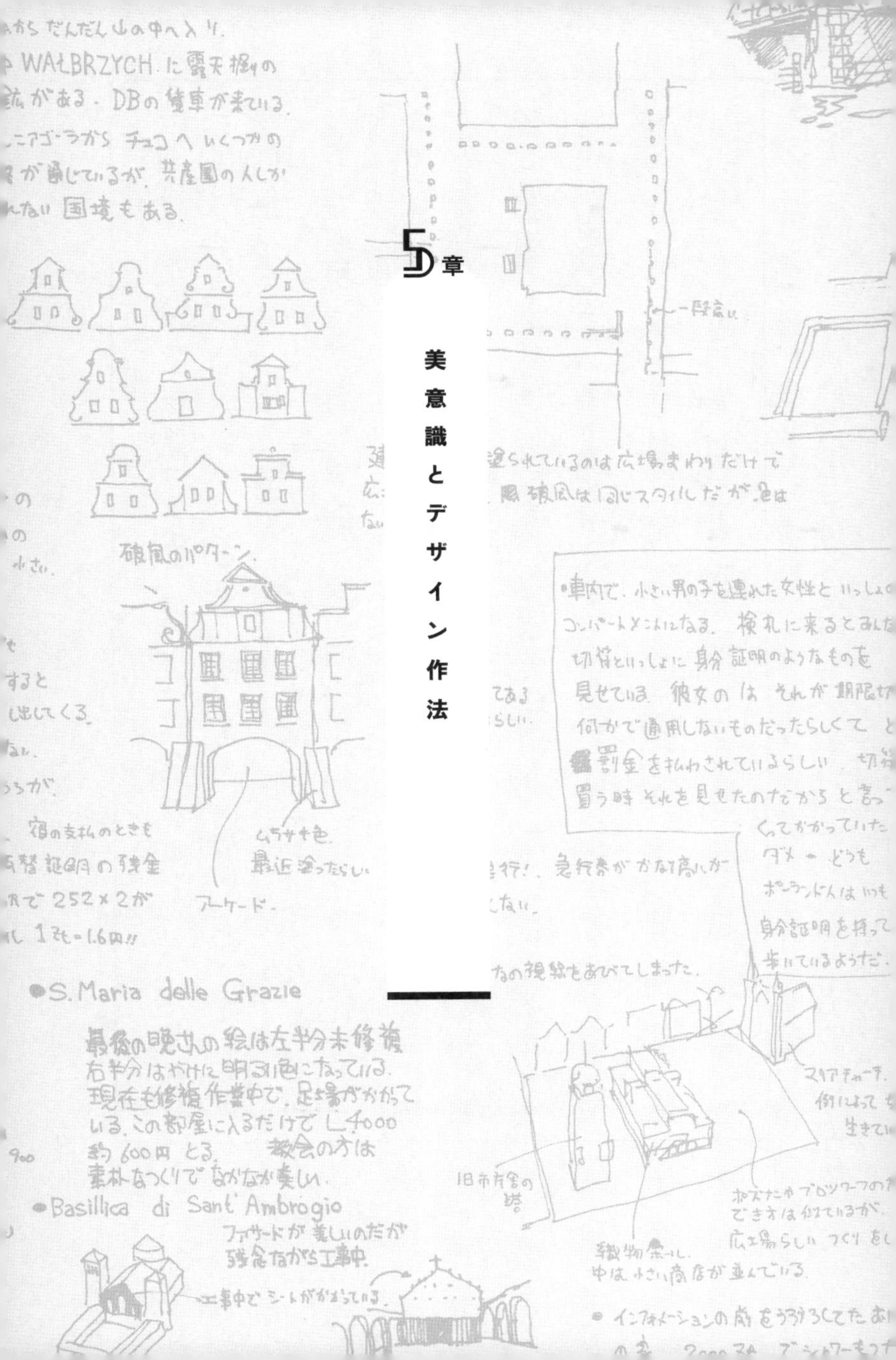

建築をどうやって発想するか、どうやってつくるかは、そこで手に入る材料、そこの人々の手でつくることができる技術などによって左右される。そこにはさまざまな作法が存在する。同時に、やってはいけないこと、あるいはできないこと、という限界やタブーもいろいろなかたちで存在する。宗教、地域性、民族性や国民性などによって左右されるが、説明しにくい好みの問題も存在する。時代とともに可能になる新しい技術もあれば、技術的に可能でも採用されないデザインもある。時代の空気ともいえる力がデザインの在り方を左右することもある。新しいデザインとその作法は学ぶことや真似することで伝播していくが、どの部分をどう受け入れるかによってさまざまに展開していく。

# シンプルな神性

## 住吉大社（日本）

大阪、住吉大社の住吉造は伊勢神宮の神明造や出雲大社の大社造と並ぶ最古の様式だが、それらと比べてもひときわシンプルなデザインである。日本全国に約二千三百社ある住吉神社の総本社であるが、**住吉造の住吉神社はほとんどなく**、住吉大社境内の摂社、末社と福岡の住吉神社で見られる程度である。

第一から第四まで共通した造りの本殿と幣殿を渡殿でつなぐセットが四組あり、そのうち三つが縦に並ぶという変わった配置で、複数の神を祀る神社は多いがそのなかでも**きわめて特異なレイアウト**である。

本殿と幣殿はどちらも江戸時代後期に建てられた。本殿は式年造替の結果古風なデザインを受け継ぐが、幣殿はいかにも江戸時代好みの唐破風が付き、そのデザインは

左が本殿、右が幣殿、その間の小さな屋根が渡殿。本殿、幣殿、渡殿のセットを本宮と呼ぶ。同型の社が四つ並ぶ。

まったく異なる。**本殿に対して失礼と思えるほど関係ない造形をぶつけている。**当初幣殿はなかっただろうから、本殿と同じスタイルにする必要はないという理由だろうか。本殿の神聖さを強調するためにあえてまったく違うかたちをぶつけているようにも見える。幣殿は中央が土間の通路になった割拝殿の形式で、突きあたりの本殿前には鳥居がビルトインされている。

この本殿、天皇が即位したときにつくられる仮設の建築、**大嘗宮に似ている**ことが指摘されているが、その理由については諸説ありよくわかっていない。正面中央には柱がなく、扉を設けているが背面は中央に柱が建つ。式年造替の繰り返しで細部がどのくらい変わってきたのかはさだかではないが、屋根に反りがなく、すべてが直線的で、柱梁の構成もシンプルで無駄がない。特に**垂木のデザインにおもしろい挑戦が見られる。**破風板に相当する部分の板の幅は垂木の一辺と同じになっていて、破風の下端をカットして垂木の端部と揃えている。つまり破風板が垂木の列に参加していて側面から見ると**破風板の存在を消している。**破風は本来風雨から守る役目があるから垂木よりは寿命が短く、垂木より簡単に交換可能にするべきかもしれないが、式年造替が前提である神社ならではのデザインともいえる。

並んだ垂木の最後の1本は破風板になる

屋根に反りはなく、破風板の下端は垂木と同じ断面になるシンプルな構成。

後ろの妻面。反対側、正面には中央に柱がない。千木の角度が絶妙。

また屋根上の置き千木は後年付けられたものだが、屋根勾配よりきつく、その屋根面との角度の対比が美しい。**きわめて洗練された高度なデザイン力**を感じる。

# 尼寺のスケール

## 円覚寺舎利殿（日本）

鎌倉市の円覚寺舎利殿は国宝であり、禅宗様建築の代表格であるが、この建築は当初から円覚寺の舎利殿として建立されたものではなかった。北条時宗が一二八二年に創立した円覚寺は、鎌倉五山の第二位として重要な地位を占めてきた。初代舎利殿は源実朝が大慈寺にまつっていた仏舎利を移すためにつくられたが、一五六三年の火災で焼失したという。その後すぐには再建されず、後に鎌倉尼五山の筆頭であった太平寺の仏殿を移築したものが現在の舎利殿である。しかしその太平寺仏殿がいつごろ建ったかはわからない。同じ禅宗様建築である東京都東村山市の正福寺地蔵堂は一四〇七年の建築であることがわかっていて、そのデザインが円覚寺舎利殿と酷似していることから同時期ではないかと推測されている。

太平寺には青岳尼《しょうがくに》という美人の尼僧が居たという。足利義明の娘とされ、一五五六年、鎌倉を攻撃した里見義弘が太平寺にいた青岳尼に惚れ、説得して還俗させて妻にしてしまう。現在の千葉県、上総国佐貫城に連れて帰り正室とする。これを不快に思った北条氏康によって太平寺は廃寺にされてしまう。連れ去られたという記録もあ

円覚寺舎利殿　繊細で典型的な禅宗様建築。

正福寺地蔵堂　円覚寺舎利殿とよく似ているがひとまわり大きい。

るが、自らの意志で寺を捨てて駆け落ちした可能性も高い。青岳尼がどのような美人であったかはわからないが、この太平寺仏殿の小ぶりで繊細な美しさが、青岳尼のイメージと重なりまたひときわ美しく見える。

円覚寺舎利殿は正福寺地蔵堂よりひとまわり小さい。しかし面積が小さいだけでなくプロポーションはよく似ていて**正福寺地蔵堂の縮小コピー**という状態である。円覚寺舎利殿がわかりやすい禅宗様建築の代表例としてあまりに有名なので、禅宗様仏堂がすべて小ぶりなものと思われがちだが、円覚寺舎利殿が一段と小ぶりなのである。正福寺と同時期としても扇垂木の状態から正福寺よりは新しいというのが定説である。

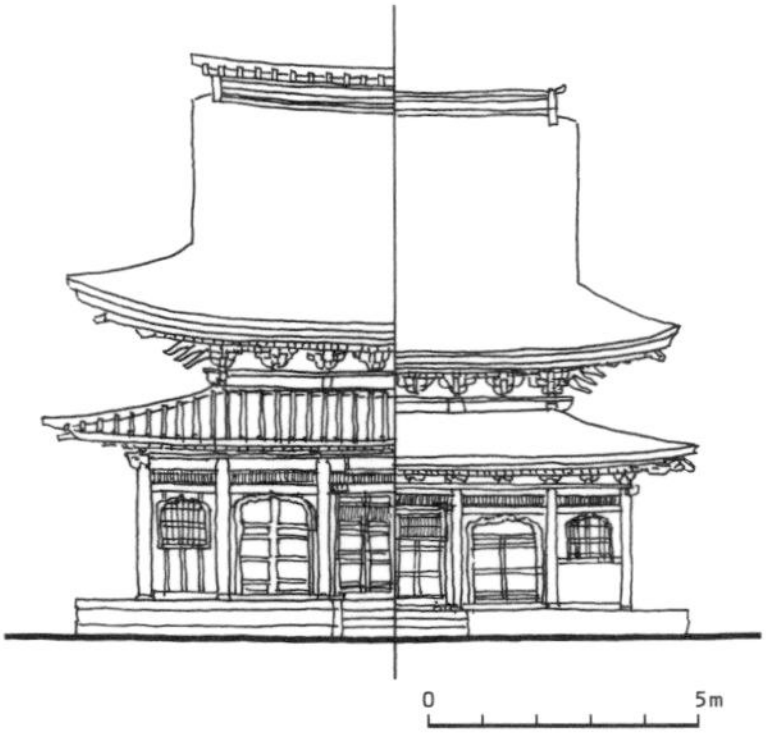

正福寺地蔵堂（左）も決して大きな建物ではないが、円覚寺舎利殿（右）はさらに小さい。

太平寺仏殿としての建立時、青岳尼の話は別としても**尼寺であることを意識したデザイン**である可能性は十分にある。夫婦茶碗、男坂女坂など日本には物のあり方の違いを男女で表現してきた歴史がある。この表現は決して差別などではなく、**ひとまわり小さく繊細に表現する尼寺のデザインというジャンル**があったのかもしれない。

# コピーアンドペーストの建築

## ゴシック建築のデザイン作法

ゴシック建築は一一五〇年ごろから一五〇〇年ごろまでつくられた大聖堂を中心にした様式で、北フランスで発祥し、イギリス、ドイツへ、そして東欧へと広がった。しかし、基本的にゴシック建築はアルプスの北側の様式でアルプスの南側ではあまり受けなかった。古代ローマのデザインとは無縁のところにあったため、後の時代にゴート人の様式という蔑称で呼ばれてしまうのだが、**それまでにない新しいデザイン手法**を生んだともいえる。

ゴシックの造形にはスコラ哲学との関係もあり、そのプロポーションにも意味はあるが、古代ローマほどわかりやすい厳格なルールはなかったと思える。イギリスとフランスのゴシックではプロポーション感覚は違うように見える。そのゴシック建築が巨大化するときの手法は**コピーアンドペースト**である。建築の構成は小さなパーツの集積であり、**巨大化するときパーツ自体の大きさは変わらずその数が増える**という方法をとる。奥行きが長い大聖堂では**延々とペーストが続く**造形になる。

またゴシックの大聖堂ではファサードの双塔が左右で形が違う例がよく見られる。建設期間が長いため左右の塔で建った年に差があり、その時代の最新の様式が採用されていることによる。全体像よりパーツを重視するのと、当初のデザインを完遂することにこだわらないのは似た感覚かもしれない。いずれにせよ、これは古代ローマ建築とはかなり異なる手法である。その手法の違い

ウエストミンスター・ホール

チャンネル4本部　設計リチャード・ロジャース。

は新古典主義の時代に採用される建築のジャンルの違いではっきりする。様式建築のリバイバルが次々と現れる十九世紀、劇場やオペラ座のような建築は古代ローマの延長であるルネサンスやバロックが採用され、**オフィスや大学など事務室や教室が並ぶコピーアンドペーストのほうが扱いやすい建築**にゴシックが採用される。

このコピーアンドペースト作法、イギリスの現代建築家の一部に受け継がれている。リチャード・ロジャースやニコラス・グリムショーなどの建築に見られる作法はコンテンポラリーハイテクゴシック様式ともいえる。しかしそれはゴシックの伝統を受け継ぐという意識的なものではなく、**血のように無意識に出てきている感覚**なのではないだろうか。

ウエストミンスター・アビー

ブラッケン・ハウス

設計マイケル・ホプキンス。

# 拡大コピーの建築

## クラシック建築のデザイン作法

日本には東京ドーム何個分という面積の単位があるがヴァティカンのサン・ピエトロ大聖堂は東京ドームほぼ一個分の大きさである。野球場とほぼ同じ大きさの教会というのも驚異だ。サン・ピエトロ大聖堂そのものの創建は四世紀だが現在の大聖堂はルネサンス期にはじまり、バロック期に完成している。着工時、コンペで主任建築家になったのは集中式プランを提案したドナト・ブラマンテで、その後多くの建築家が関与し、設計変更がくり返され紆余曲折あった末、ファサードのデザインを最後にまとめたのはベルニーニであった。そのファサードは、**窓の位置から判断した見かけは三階建て**である。しかし頂部に並ぶ彫像でさえ高さは五メートル以上ある巨大な建築である。遠くから見ているとスケール感がわからなくなる。この形態のまま三分の一に**縮小コピーしても成立するデザイン**である。

ヴァティカンのサン・ピエトロ大聖堂。ファサードを見る限り壮大な3階建て。3分の1に縮小コピーしても成立しそうなデザイン。ファサードの幅は100メートル以上ある。集中式プランのルネサンス建築としてスタートしたが、面積が足りずどんどん肥大化し、内外ともにバロック建築の傑作として完成する。

同じサン・ピエトロでもローマのサン・ピエトロ・イン・モントリオ修道院の中庭にあるテンピエットは一五〇二年に完成したドナト・ブラマンテの設計による小さな礼拝堂である。そのドームのデザインは多くの建築に影響を与えたとされているが、とても小さい。内部空間も礼拝堂としての機能性はほぼ無視されていて、二階の手すりも低く、手すりとして機能する高さではない。中庭の中心に置かれることのバランスが重要であり、中庭周囲の壁も同心円状の曲面になる予定だった。この彫刻のような、モニュメントのような、あるいはミニチュアのような建築は、そのまま三倍に**拡大コピーしても教会として成立するデザイン**である。

バロックの造形手法はルネサンスをより動的、過激にしていったもので、ルネサンスの造形作法は古代ローマをお手本にしている。つまりこの拡大縮小コピー的作法は古代ローマ建築まで遡る。言い方を変えれば**プロポーション重視のデザイン**である。

ローマのテンピエット。とても小さな礼拝堂。3倍に拡大コピーしても成立しそうなデザイン。直径約8メートル高さ約13メートル。ドラムの上にドームを載せる構成はその後の建築に影響を与えた。聖ペテロ殉教の地のモニュメントであり、内部空間の機能はどうでもよく、幾何学的整合性が重視された。

プロポーションさえ変えなければ大きくも小さくも応用できる。プロポーションを重視するのはデザイン上大切なことだが、一方で人間のスケールは無視されている。大学の建築教育では人間のスケールは大切なものとして習うが、**クラシックの歴史的名建築の多くは人間のスケールを逸脱している。**

# 流行の採用

## ミラノ大聖堂（イタリア）

ミラノ大聖堂といえばイタリアゴシック建築の代表とされ、ヨーロッパのゴシック建築のなかでも超大型の聖堂である。しかし、イタリアではゴシック建築はあまり受け入れられていなかった。イタリアゴシックの例としてあげられるシエナ大聖堂はゴシック的なのはほとんどファサードだけである。アッシジのサン・フランチェスコ教会は一応フライング・バットレスやバラ窓があるが、壁面の存在感はあまりゴシック的ではない。

ゴシックはフランス、ドイツ、イギリスの様式といって

ファサードだけ数百年後の工事とは思えないデザインの一体感がある。

バロックがゴシックの縦ラインにはさまれて交互に並ぶ。

もよく、イタリア建築からは見下された様式といってもよい。しかしそれがアルプスを越えて北イタリアのミラノまで到達し、しかもこれだけ巨大な建築として実現したということはそれだけゴシック建築の姿がもつ影響力が大きかったともいえる。

ミラノ大聖堂は一三八六年に起工したが、この年にはパリ大聖堂も、フランス最大規模のアミアン大聖堂も完成しているし、ドイツのケルン大聖堂はすでに着工後百年以上経過している。巨大な聖堂＝ゴシック様式という価値観が存在したことは想像でき、ミラノの大聖堂にゴシック様式が採用されたのは時代の流れから当然の成り行きだったのかもしれない。その後宗教改革による中断もあり、一五七七年、ファサード未完成のまま献堂されて、完成したのは着工から四百年以上経った一八一三年である。このころにはヴァティカンのサン・ピエトロ大聖堂のファサードはバロック化されており、**バロック様式の大聖堂がもつ存在感**は知られていた。ミラノ大聖堂のファサードも当然全面的にバロック化する可能性は十分あった。当時、ファサードをどう仕上げるかについての議論があったという。イタリアではルネサンス期以降ファサードだけがまったく別のスタイルでも気にしないという流れがあったので、**顔だけバロックというのもありえる選択**であった。しかし結果はゴシックの縦ラインをベースにして間にバロックの窓をはさむという**折衷デザイン**に落ち着いた。まったく別の様式が正面に同居するのは苦肉の策だったのかもしれないが、違和感なくバランスよくまとまっている。**基本のゴシックを踏襲しながら流行のバロックモチーフを上手く埋め込む**というデザイン力はすばらしい。

ゴシック的な壁面とバロック的な壁面が違和感なく並んでいる。ゴシック部分を削ってバロックを埋め込んだわけではない。

# 飛び火するアイコン

## ルネサンスのデザインモチーフ

ルネサンス建築は建築史上、その価値は大きい。しかしルネサンス建築は極論すれば古代ローマ建築のリバイバルである。

当時の一般の人々にはどう受け止められていたのだろうか。地域的にはイタリアの北半分の都市部という狭い範囲でしかその真髄は理解されていなかったともいえる。ヨーロッパ全土にその影響は広がるが、多くは**ルネサンスモチーフのパーツだけが飛び火するように広がった状態**である。またファサード重視という傾向がパーツの伝播に拍車をかけたとも思える。もちろんすばらしい空間が多数創造されてはいるが、ほかのどの建築様式

オランダ。ファサードにはルネサンス風の渦巻きがあるが後ろは普通の切妻屋根。

チェコの小さな町テルチ。ルネサンスモチーフの屋根が並ぶがなぜかシュールな光景になっている。

と比べても**ファサードを切り離して考える様式**であることは間違いない。それは正確に表現しようとすると古典のオーダーに精通していることや鋭いプロポーション感覚が要求されるが、表面上は素人でも真似しやすく、**お手軽にルネサンス風を身にまとうことができた。**

チェコ、モラビア地方の小さな町テルチは一五三〇年の大火で街のほとんどすべてを失ってしまった。そのとき町長であったザッハリアーシュ・フラデツは町並みを当時最先端の様式であったルネサンス風で復興させようと思いついた。そしてイタリアから職人を呼んで町並みをデザインさせたといわれているが、事実だとすればあまり一流の職人ではなかったようだ。確かに渦巻きや破風にはルネサンスの香りがするが、古代ローマから学んだ重要なテーマであるプロポーションは感じられない。またイタリアのような良質の石材が手に入らないため、**彫刻ではなく塗り物の装飾**に終始している。いわば「まがい物」ではあるが、**逆にその稚拙さが不思議な魅力**となり、ついに世界遺産にまでなってしまった。

またこの時期、オランダの民家にもルネサンス風ファサードが登場する。木造切妻の民家であるがルネサンスの教会によく見られるように屋根断面とは異なるファサードが一枚張り付いている。木造であるため厚さがなく、まるで**看板建築の様相**になる。しかしこれもまた本家のルネサンス建築にはないアンバランスさに不思議な魅力があり、保存対象になっている。

現在の「まがい物デザイン」の町並みも数百年持ちこたえたら世界遺産になるのだろうか。

ポーランド、クラクフの織物会館。屋根に並ぶ渦巻きはルネサンスのアイコン。このスクロールも飛び火しやすいモチーフ。

# 扱いやすいアイコン

## 禅宗様のデザインモチーフ

禅宗様とは鎌倉時代に禅宗とともに中国からもたらされた建築様式である。正方形平面の一室空間で天井を張らずに屋根の構造を見せる化粧屋根裏によって、構造そのものが空間の求心性を演出しているという大きな特徴があるが、**簡単に見分けがつくアイテム**をいくつかもっている。土間の四半敷、桟唐戸、花頭窓、弓欄間、粽柱《ちまきばしら》、扇垂木、詰組、柱の下の礎盤等々、たくさんあるが、これらがフルスペックではなくてもたとえば花頭窓、桟唐戸が付いた正方形平面で屋根が宝形であれば十分禅宗様の香りがしてくる。

慈照寺銀閣　最上階だけが禅宗様の仏堂風。三つ並んだ花頭窓はエレベーションを引き締めやすい。

日本の寺院建築は仏教伝来とともに中国からもたらされ、次第に日本的な表現へと変化し、平安時代に野小屋という架構法を発明し、建築とインテリアの分離を果たしたが、ここでまたまったく新しい様式が中国から入ってくる。大工の伝承のなかでは禅宗様は「唐様《からよう》」と呼ばれてきたが、唐とは唐時代を指すのではなく漠然と「舶来」程度の意味だった。実際は宋代の様式で、建築史家太田博太郎の提唱によってその誤解をなくすために禅宗様と呼ぶようになった。禅宗とともに入ってきたので、その名がついたが、導入された当初は禅宗様という名はなく、禅宗に限定したデザインではなかったのかもしれない。次第に存在感があるデザインを生む手法として広く伝わっていく。

禅宗様のデザインは経典を収める経蔵という建物においてひときわ使い勝手がよかったようだ。日光東照宮輪蔵、浄土真宗本願寺派の本山である西本願寺経蔵、日蓮宗の大本山である池上本門寺経蔵、天台寺門宗の総本山である園城寺一切経蔵、と他宗派の重要な寺院でもその経蔵に採用されて

日光東照宮の輪蔵　東照宮は禅宗の世界とは遠いような印象があるが、陽明門にも禅宗様のデザインモチーフが見られる。

池上本門寺　日蓮宗の大本山である。経蔵は禅宗様。コンパクトにまとめやすいところが経蔵向き。

**いる。**さらに鹿苑寺金閣、慈照寺銀閣のそれぞれ最上層が禅宗様仏堂風になっている。いずれも正方形平面をコンパクトにまとめるときにとても有効で、花頭窓や桟唐戸などのパーツがとても扱いやすかった。

宋で生まれたときは禅宗の理念と合致していたのかもしれないが、禅宗様にするためのアイテムが揃って、簡単にアレンジできる下地が整ったことによってデザイン手法として流行するようになる。**カッコよくまとめるためのモチーフとしてはとても使い勝手がよかった**のだろう。

# 大屋根の美意識

## 寺院建築の屋根勾配

**日本の寺院建築は屋根が大きいことが特徴のひとつ**である。それは肉眼で地上から見るより立面図で見たほうがさらに大きく見える。逆に言うとアイレベルで見上げた姿を想定して大きな屋根になっているともいえる。もちろん平面の幅と奥行きに雨を凌ぐ勾配をかけると自ずと屋根の高さは決まってくる。しかし、初期の寺院に比べて時代が下るにつれて屋根の勾配が急になってくる。しかも新しい方が急なだけでなく、古い寺院も屋根勾配を急にする改造工事が行われるようになってくる。これはなぜだろうか。雨漏り対策や深い軒の軒先が下がるのを防ぐための桔木《はねぎ》を入れるなどの構造的な補強工

唐招提寺金堂　当初の屋根は現在より勾配も緩く、高さは約2.8メートル低かった。

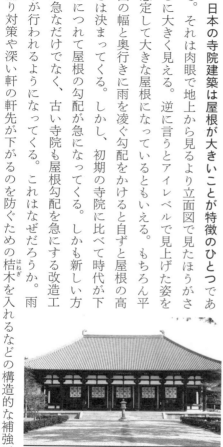

法隆寺東院　夢殿　この位置からは垂木と屋根が同時に見えるが垂木と屋根の勾配が同じだとどちらかしか見えない。

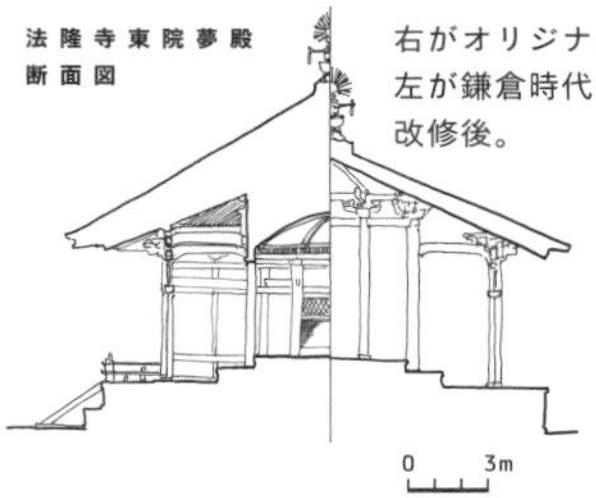


法隆寺東院夢殿
断面図

右がオリジナル
左が鎌倉時代の
改修後。

事というのはわかりやすい。しかしそれだけではなく、**大きな屋根のほうが美しい、かっこいい、という美意識**が生まれたからではないだろうか。いわゆる時代の気分である。

唐招提寺金堂は八世紀後半の建築で、日本でも最も古い様式を残しているが、江戸時代に屋根の大改修があり、現在見られる外観になった。現在の姿を見慣れているから当初の姿を正確に評価するのは難しいが、今よりかなり軽い建築で重厚さに欠けるともいえるが、逆に当初の姿の方が上品であったようにも見える。

法隆寺の東院夢殿は鎌倉時代の大改修で屋根裏に桔木を入れて軒の出を深くし、屋根勾配を急にすることで現在の姿になった。断面を見ると桔木を入れるだけなら屋根勾配を急にしなくても可能であったが、斗供を一段追加してあえて屋根の角度を変えているのは、屋根面と垂木を同時に見せ、屋根を大きく見せることにこだわったとしか思えない。

薬師寺の場合、東塔は奈良時代と古いのだが、何度も災害にあい大修理を経て、改造が重ねられていたため、一九八一年に再建された西塔は当初の姿に復元された。このため建ったのは東塔のほうが古いのに西塔より新しい姿となって並ぶことになった。特に初層の裳階の屋根勾配を見るとその差はわかりやすい。雨仕舞いを考慮した改造かもしれないが、性能上だけでなく屋根面を大きく見せたほうが美しい、カッコいいと思われていたのだろう。**屋根の大きさに関する美意識は時代とともに確実に変化してきている。**

薬師寺東塔　長年にわたる改造の結果。裳階初層の屋根勾配が西塔よりきつい。

薬師寺西塔　裳階初層の屋根勾配は東塔より緩い。

# 軒先の美意識

## 寺院建築の垂木の見せ方

日本建築における垂木は本来、屋根材を取り付けるためのものであったが次第に装飾的になっていく。

法隆寺は平行垂木だがそれより古い初代四天王寺にはその遺構から講堂は扇垂木であったことがわかっている。仏教とともに中国から伝わった寺院建築には平行垂木と扇垂木があった。しかしその後平行垂木が中心になってしまう。日本的な美意識だったのだろうか。韓国の寺院は基本的に扇垂木である。**同じ中国の建築をルーツとしながら何を残し、何を捨てるかが異なる**のはおもしろい。地円飛角といって下の段の地垂木の断面

室生寺五重塔　円形断面と正方形断面を重ねた地円飛角とそれを際立たせるデザイン。

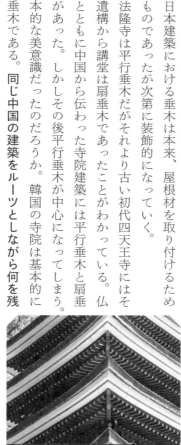

池上本門寺五重塔　初層だけが平行垂木で上はすべて扇垂木。どんな効果をねらったのだろうか。

が円形、上の段の飛檐垂木《ひえんだるき》の断面が角という表現も中国から伝わったが、韓国では基本的に両方とも円形断面である。

本来は屋根勾配と垂木勾配は同じであったが、野小屋が発明された後、屋根の大きな軒の出をテコの原理で支える桔木が発明されたことで、その構造は一新する。桔木は仕上げに繊細な精度は求められず、あくまで裏方に徹していて外部に露出することはない。そして屋根を直接支える垂木は野垂木となって屋根裏に隠れてしまう。軒下に見える垂木は化粧垂木となって屋根からぶら下がる存在になる。桔木を隠すためには垂木の勾配と屋根勾配を変えたほうがおさまりはよくなるが、逆に勾配を変えることで新たな表現が可能になったともいえる。このことによって**建物に接近する過程で、屋根面と垂木面が同時に見えるアングルが可能になる。**屋根と垂木が同じ勾配だと屋根が見えなくなってから垂木が見えるようになる。地垂木と飛檐垂木の勾配を変えて重ねることで、さらに複雑な見え方を意識するようになったのではないだろうか。

扇垂木は平行垂木に比べて荷重の受け方が合理的に見えるが、桔木の下についている場合はどちらでもよい。しかし宋から導入された禅宗様では再び屋根裏の構造を見せる仕様と扇垂木がセットになっている。これだけの本数は必要ないとはいえ、平行垂木より合理的な構造である。禅宗様で扇垂木が採用されているのは屋根裏を見せることと関係が深い。

しかし**寺院建築の垂木のあり方は構造上の理由というより、外観と軒先の空間をどのように演出するかというデザイン行為の結果**と思える。

永保寺開山堂　典型的な禅宗様の扇垂木。室内まで続く。

# 変えることと変えないこと

## 春日大社の式年造替（日本）

二十年に一度建て直す**式年造替**を行っている神社は現在では伊勢神宮だけだが、かつては多くの神社で行われていた。木造建築の寿命に対して、常に新しい姿でいてほしいという理由のほかに宮大工の**技術の継承**という意味もあった。造替にかかわった新米大工が棟梁になるころ次の造替があることで、確実に技術が継承されることになる。

奈良の春日大社も七六八年の創建以来式年造替が行われてきたが、現在の本殿は一八六三年、江戸時代末の建立であり、実際に造替が行われたのはそこまでである。伊勢神宮は造替前の

奈良市　鏡神社本殿　1746年の式年造替時、春日大社第三殿を移築。春日堂、白山堂よりシンプルで現在の春日大社の造形に近い。

社殿をばらして材料として各地の神社へ下賜《かし》するが、**春日大社の場合は社殿が小さいのでまるごと移築する。**これを春日移しと呼び、全国で約三十カ所確認されている。

円城寺　春日堂・白山堂　現在の春日大社本殿より当然古く、日本最古の春日造になる。しかしこれは春日移しではないという説もある。

奈良県北部にある円成寺の春日堂と白山堂は一二二八年の春日大社の造替の祭に旧本殿を円成寺の鎮守として移築したものと伝わっている。それはひと目で春日造であることはわかるが、実は図面で比べると大きさもプロポーションもかなり異なっている。この違いが理由で、これは春日移しではないとする説があるが、個人的には長い年月をかけて変わってきたのではないかと思う。一七四六の式年造替時の本殿を

春日堂側面　春日造特有のかわいいプロポーション。現春日大社現本殿は見ることはできないが、これよりかなり大きい。

移築した鏡神社本殿のほうが現在と似ているが、それでも少し異なっている。この違いはいったいなんなのだろうか。式年造替は建て替える建物が存在している内に実施されるので、まったく同じかたちでつくることのほうがむしろ簡単である。これは発注側が依頼したことなのだろうか。大きな改変は許されない仕事だが、自分のセンスをどこかに残したい、という棟梁の思いと、それを理解したうえで認められた許容範囲が重なってここまで変化してきたのだろうか。あるいは、「ここは太い方がカッコイイですよね」といった**時代の空気を双方で共有**していたのだろうか。そのアイデンティティーを保つために変えてはいけないところはあるが、どこかを変えたくなるという思いが発注側にもあったのだろう。ポルシェがモデルチェンジを繰り返しながら変化しだんだん大きくなっても一目でそれとわかるデザインをしているのと似ているのかもしれない。

式年造替が多くの神社で普通に実施されていた時代、その**デザインの継承は今よりずっと緩かった**のかもしれない。

春日大社本殿現状
平面図
間口6.35尺、桁行8.3尺

円城寺春日堂
平面図
間口3.64尺、桁行3.64尺

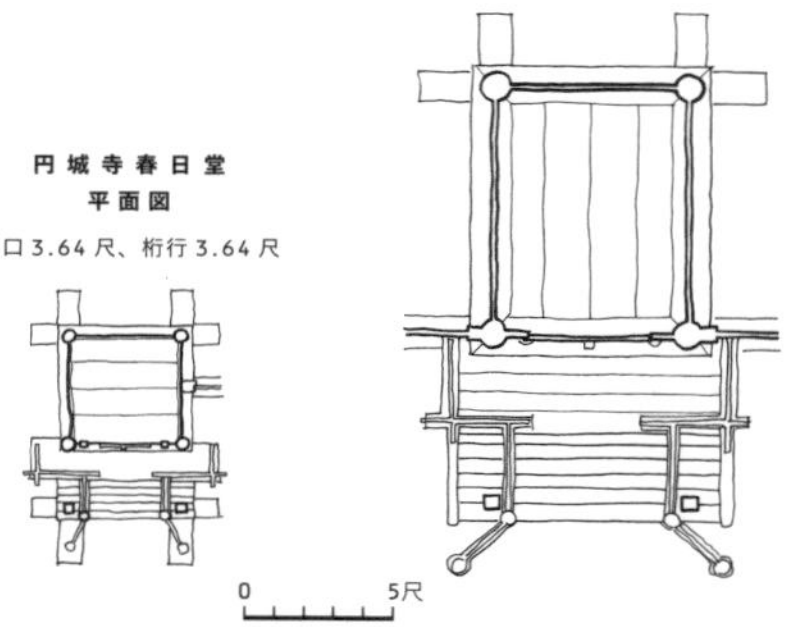


約600年でここまで変わった。

絵は最近書き抜出したものも多い.

客のあけかたのバランスの美しいものが多い.

木造のバルコニーが美し.

ハーフティンバーの家があふれている.
のものまだある.

天型スレート. 壁面もスレートにする家が
ろえつつある.

4F.5F.建もタい.

上へいくに従って はり出している.

スレート

古い家は腰板や軒に
もようが凝って

2DSEE. サイドイッチ. 魚コロッケ×2
スモークサーモン×1
イワシのマリネ×1

でひと休み. クッキーはつかない.

impeliaukio. ロックチャーチ.

天井は銅板.

途中までは岩盤さい

美し.

フィンランドの建築家は はんぱな角度を

バスがいっぱい来ている.

21 Matten の家.
17世紀.

1031. Brienz の家
1787.  しかし内部は大改装されている
2家族住居.

この一角だけ小さい
古い家が

階高が低い.

SLはえんとねよ川に赤ねの幕
2階建古典客車あり.

シンプルで美し
長期計画

グーンセのバスは うしろ乗.
あと払い.

ゴールデン 全国. まわりは広い

HOTEL にて. たっぷりのカフェ・オレ +パン4種. ジャム,チ
インターラーケン→トゥーン の車内. ※ 魚とクラチギとワインビーズ

321. Madiswil の家.
Canton Bern.
1753

Original はワラブキ

柱梁. ブタ小屋.

2家族住居.

321. Ostermundigen
1797.
ベスは功岩.

にせの窓

クーヒー石碑れに見をかけて
有為な磨を である ことの休

シャフハウゼン Schaffhausen の ワイン

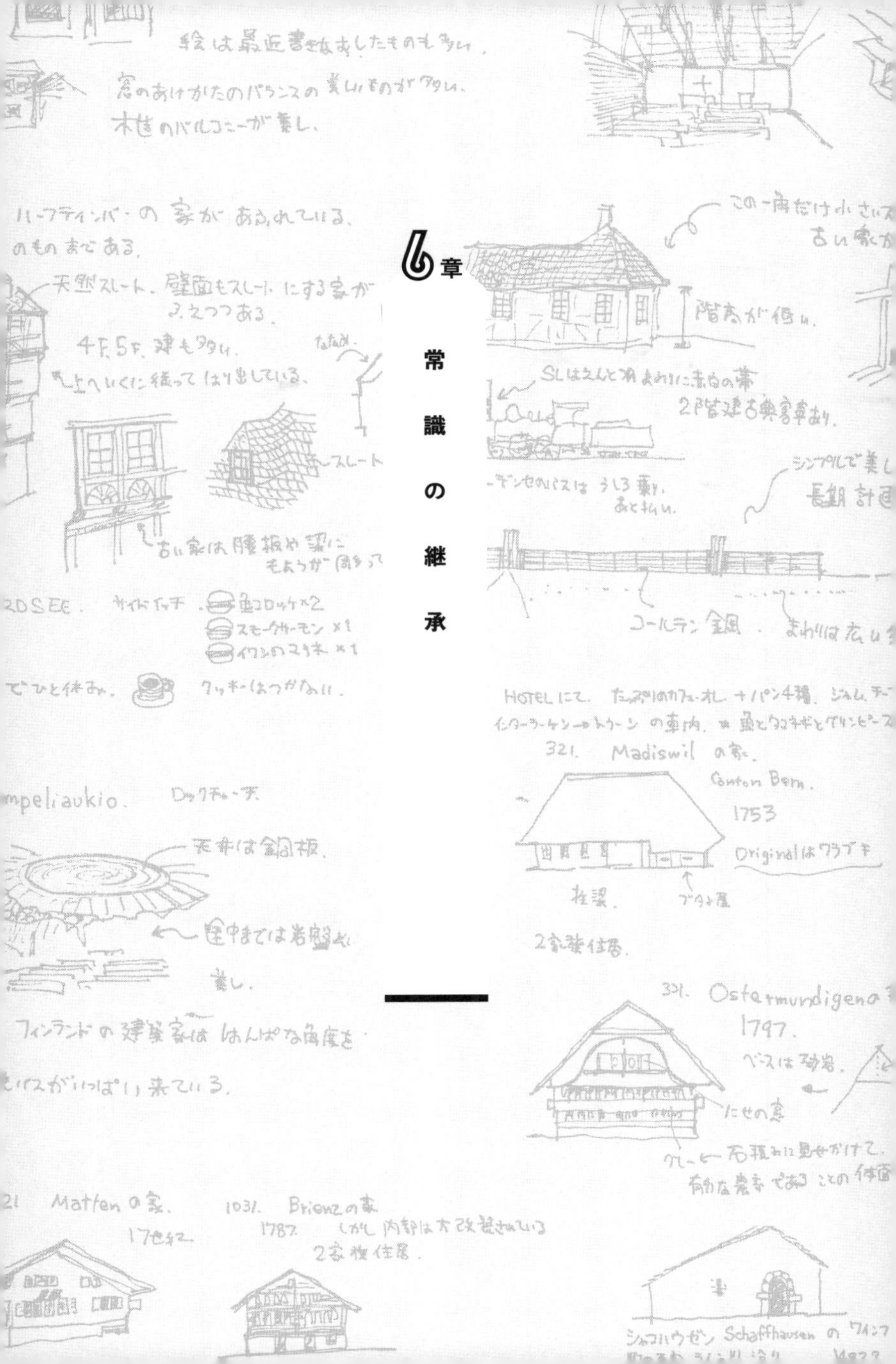

建築がなぜそのかたちでなくてはならないか、なぜその大きさでなくてはならないか、なぜその材料でなくてはならないか、合理的な説明がつくこともあるが、きわめて感覚的な思い込みで成立していることも多い。その土地での常識的なデザインであっても、隣の文化圏へ行くとありえないデザインであったりする。その土地の文化、宗教、美意識など、伝統として大切に継承しているものもあるが、無意識のうちに出てきてしまうものもある。家とはこういうもの、木造とはこういうつくり方、といった常識は一度決まると簡単には変えられない。手に入る材料が異なりそのかたちの必然性が失われても延々と継承されていく。それがその土地の建築のアイデンティティーにもなっていく。

# 木造のダミー

## サッカラのピラミッド複合体（エジプト）

古代エジプト第三王朝のジェセル王のピラミッドは史上初のピラミッドとされている。紀元前二六二〇年ごろから紀元前二六〇〇年ごろつくられた。設計者はイムホテプ。彼はメソポタミアからの帰化人という説もあり、高級神官でもあったが、**名前が残る最古の建築家**ということになる。**現存するピラミッドで設計者の名前が残るのはここだけ**である。正方形のマスタバを重ねることでピラミッドのシルエットを創造したのは画期的だが、興味深いのはその周囲にある附属建造物である。

正方形平面のマスタバを重ねることでピラミッドのシルエットが生まれた。

木造建築のようなレリーフ表現があり、入り口のような凹みがあるが、中には空間がなく石が詰まったダミーの建築。

その附属建造物も含めてサッカラの階段状ピラミッド複合体と呼ばれるが、この施設群はセド祭を行うために必要な**建築のダミー**である。セド祭はファラオが行っていた祝祭で、即位後三十年目に行われる。その後三〜四年ごとに繰り返される王権の更新儀式である。しかしここは王の死後の施設であり、死後も王がもうひとつの世界でセド祭を行えるようにつくった施設である。

古代エジプトでは死後の世界は現世のコピーであり、死後の生活も永久に不変であるという発想がある。天国や極楽浄土へ行くのではなく日常が繰り返され続けるという見方である。そのために必要な施設を用意しているのだが、実際にセド祭を行うわけではないので、その施設の**内部がないムクの建築**、外観だけのダミーの建築を用意している。いくつかの扉は開きかけた状態で彫られているが室内に空間はなく、石が詰まっている。そのファサードにレリーフで表現された柱などを見ると、木造建築を思わせる。現世のセド祭の施設は木造であったと思われる。死後の生活のために副葬品として日用品を入れることが多いが、**この建築群自体が巨大な副葬品**ともいえる。

現世の建築の寿命は人間の寿命と同じでよい。死後の世界のための建築は永遠に消えてはならない。この発想が古代エジプト建築の基本になっていて、残っている遺跡のほとんどが死者にまつわるモニュメントであり、古代エジプト建築が長寿命な理由でもある。

建築とは何かという定義にもよるが、このジェセル王のピラミッド複合体を史上初の石造建築であるとする説がある。だとすると**石造建築の歴史は中身のないダミーからはじまった**ことになる。

ダミーの扉はピボットヒンジの軸と軸受まで石で表現されているがレリーフ状で開閉はしない。

# 木造を彫り出す

## アジャンター石窟寺院群（インド）

インド、マハラシュトラ州にあるアジャンターの石窟寺院群は、湾曲するワーゴラー川に沿った崖に横穴を掘るかたちでつくられた寺院群遺跡である。一八一九年イギリス人ジョン・スミスが虎狩りの途中で発見したといわれているが、そのときすでに廃墟になっていた。石窟には二種類あり、五つのチャイティア窟と二十五のヴィハーラ窟で構成される。

チャイティア窟は寺院の仏堂に相当し、奥に仏塔があり、周囲には柱が並び、天井にはアーチ状の梁が並んでいる。しかし、石を積んだわけではなく、**巨大な岩盤を柱や梁のかたちに彫り残して**

忘れ去られていた石窟群が川に沿った崖に並ぶ。

いるのである。天井の梁のように見えるものはレリーフであり、なくても構造上はなんの問題もない。細長い平面形の奥は半円形になっていてそこに仏塔、ストゥーパがあるが、これも後から置かれたのではなく彫り残してつくられている。

ヴィハーラ窟は僧侶の生活空間で平天井の広い空間である。入り口に柱が並ぶが、これも巨大な岩盤を彫り残してつくっているので柱がなくても空間が崩壊することはない。

これらは地上に建てた木造建築の空間構成をそのまま洞窟にコピーしているのである。

第26窟　5世紀末。チャイティア窟のストゥーパ。あとから置かれたものはなくすべて彫り残している。最も彫刻の密度が高い。

人間の居住空間は建築より先に洞窟からはじまっているが、この石窟寺院は**先に存在する建築の内部空間の見かけだけを洞窟にそのままコピー**している。

建設時期は二期に分かれていて前期は紀元前一〜二世紀ごろ、後期は六世紀半ばとされているが、そもそもなぜここでこのような空間をつくろうとしたのだろうか。木造の寺院では得られない永遠の寿命を得ようとしたのだろうか。そうだとすると建築のあり方として画期的な変革であったのかもしれないが、なぜ洞窟ならではの空間を創造しようとしなかったのか。

今までと違う材料や技術を使おうとするとき、その材料の特性を活かした今までとは違うデザインが可能なはずなのに、**それまでの形態を引きずってしまう**ことがよくある。空間を創造するときに構造的、経済的な必然性から出てきた形態でもそれが定着すると、**その機能を満足する空間はこういうものであるという思い込みが支配する**ようになる。しかしそれは間違っているわけではない。人間は見慣れた造形に安心感を覚えることを教えてくれる。

第1窟　ヴィハーラ窟。柱を立てたわけではなく周囲を掘って柱を掘り残している。

第21窟　柱がなくても構造的に問題ない証拠。岩の塊である。しかし、現在は失われた柱を挿入して復元されている。

# 木は横に積む

## チャーチボート小屋（フィンランド）

フィンランドにチャーチボートと呼ばれる船があり、それを格納する小屋がある。フィンランドは千の湖の国と呼ばれるが、実際は十九万近くの湖があり、約十八万の島がある。無人島も多いが、有人の島すべてに教会があるわけではない。教会のない島では毎週日曜日、教会がある島まで島民がいっしょに手こぎの船に乗って行っていた。遠いところでは隔週、あるいは前日に出なくてはならないほど遠いこともあった。その船がチャーチボートで、宗教改革以後十七世紀ごろから使われていた。初期の船はバイキング船をモデルにしていたが、

移築保存されている19世紀末のチャーチボート小屋。

村ごとに構造を工夫して変化していった。船の材料は主にトネリコやセイヨウネズの骨格にパインやスプルースの板を張ったもので、タールを塗って仕上げていた。**船は島民全員が乗るもの**で、島民の数によって大きさが決まる。長さ四十メートルぐらいのものまであった。波がない静かな湖面なので船底は浅い。

このチャーチボートを格納しておく建物が村ごとにあり、現在、ヘルシンキのセウラサーリ野外博物館に二棟保存されているものを見ることができる。現役の頃、教会がある島の周囲にたくさんのチャーチボートが集まってくる風景は壮観だったことだろう。週一回、日曜日にしか使わないうえ、冬は凍結する湖もあり年間の稼働率は決して高くはない。**船は使われていない期間、この小屋で眠っている。**

フィンランドの民家は針葉樹系の校倉で、存在感のある壁面が特徴だが、船小屋も同じ校倉でつくられている。しかし、船小屋には壁は必要なく、柱が屋根を支えるだけの構造で十分だが柱が立っていな

屋根材も太い丸太から切り出している。

キャンプファイヤーの櫓のような柱。船は長さ21.4メートル。100人乗り。

い。ここでは木造建築はあくまで校倉でなくてはならず、柱の部分もまるでキャンプファイヤーの櫓のように木を横にして積んでいる。

積雪があるとしても、これだけ太い木材が手に入るのであれば柱を垂直に立てたほうが労力もかからないだろうと思ってしまう。民家の壁が校倉造になっているのは防寒や気密性のためには合理的だが、それ以上に**木は横に積むものという常識**が存在しているようだ。家とはこういうもの、木造とはこういうものという思い込みがこのかたちを決めていて、簡単に譲るわけにはいかないのだろう。

# 木の縦横

## 校倉とハーフティンバーの間

中欧より北のヨーロッパの伝統的民家はほとんどが木造であった。パリのような大都市でさえノートルダム大聖堂が建ったころは周囲の民家はみな木造だった。イギリス、フランス、ドイツの大部分はハーフティンバーと呼ばれる軸組造で、北欧から東欧、アルプス地域では校倉造が主流であった。その文化圏がぶつかる境界線が現在のドイツとポーランド、チェコ国境あたり、オーデル川周辺に存在する。ポーランド西部ジェロナ・グラ近郊では軸組と校倉の混構造といってもよい民家が見られる。太くて長い針葉樹が手に入りやすいところでは校倉造のほうが有利だし、開口部がたくさんほしければ軸組のほうが有利である。

チェコ、プジェロフ・ナド・ラベムの野外博物館に移築保存されている民家。

ポーランド、ジェロナ・グラ近郊にあるオフラの野外博物館に保存されている民家。
柱があるのは妻面だけ。

しかし文化的にどちらでもよい地域は存在する。ここで選択したのは、**壁は校倉造で、屋根を支えるのは柱**、という構造である。校倉が屋根も支えるのは簡単なことだが、この地域では屋根を支える柱が校倉の壁の外側に建っている。チェコのプラハ北部でもこの構造の民家が見られる。いずれも室内にいると校倉造の空間としてしか体験できない。屋根を支える柱は完全に外側に建っている。これは混合することによる「いいとこどり」というほど有利な点はなさそうで、むしろ過剰な構造になってしまっている。とはいえ、屋根全体を柱が支えているわけではなく、妻面の柱のみに見られる。一方、より合理的な構造に発展させて一階が校倉でその周囲に柱が立ち二階の床と屋根を支える構造もある。こうなると校倉特有の沈下の問題には有効ではある。しかし**本来は構造的な理由ではなく何か象徴的な意味があったように思える。**

校倉造の地域では、木は横にして使うもの、軸組造の地域では柱を立てることが重要、という常識で家がつくられているのと同様、この狭い地域では、「**壁は校倉、屋根は柱が支える**」のが常識で、家とはこういうものであると信じられていた。

人間はなかなか文化の常識から離れられない。日本では家の中で靴を履いている人はきわめて少数だろうし、掃き出し窓がない家は少数派だろう。住空間に対するこのこだわりがいけないわけではない。我々は常に「**家とはこういうもの」という常識の中にいる**ことを知らなくてはならない。

チェコ、プジェロフ・ナド・ラベムに移築保存されている民家。あえて壁から離して柱を立てる。

# 究極の移動建築

## 遊牧民のゲル（モンゴル）

モンゴルの遊牧民の移動式建築、ゲルは**世界の民俗建築のなかで最も完成度の高いシステム**で、何も足すべきものも削るべきものもない。中央アジア全体にこの種の円形移動住居に住む人は多いが、モンゴルのゲルは特にそのシステム化が進んでいる。

ゲルの構造で最も重要な点は地面に傷をつけないことである。**二本の柱は置いてあるだけで地面を掘って建てることはしない。**枠と一体化したドアの周囲に蛇腹状にたためる壁をまわし、柱の上の円形のパーツとの間に垂木を渡す。固定はすべて縛ってとめる。

3棟1組になることが多く、囲まれた外部が作業スペースになる。

外皮は羊のフェルトで最上部の一枚は下からひもで開閉可能。また夏場は裾をまくりあげることで、風を通すことができる。大きさもシステム化していて四号が直径四・九メートル、面積十八・九平方メートル、大きいものは、十二号直径十四・五メートル、面積一六五・〇平方メートルというサイズまである。車が付いていて馬に引かせるタイプもあったようだ。一般的な五、六号サイズで組み立て一・五〜二時間、解体一〜一・五時間で可能だ。廉価版も高級版も構造はまったく同じで装飾が異なるだけだが、平面的な彩色の差だけで別のパーツが装飾として付くことはない。かつては直火の暖房だったが、密閉式のストーブに変化し、最近は発電機や太陽光パネル、パラボラアンテナなども普及してきているが、それでも基本の構造は変わらない。それだけ完成度が高い住居である。

ドアは南に向けることが多く、三棟でひとつの単位となることが多く、その**三棟に囲まれた外部空間が作業スペース**となる。ドア以外に窓はない

夏は壁のフェルトの裾を上げることで、日差しを遮りながら風を通す。骨組は防犯にもなる。柱は地面に直接立っているだけで穴は掘らない。

集合住宅とゲルの地区の境界線。あえてゲルに住むことを選ぶ人たちがいる。

が、**一歩外に出れば地平線まで見える広大な土地**なので、家にいるときは外が見えないほうが落ち着く。

首都ウランバートルは集中暖房もある大都市だが、郊外にはゲルが建ち並ぶ地域も残っている。遊牧民ではなく定住しているサラリーマンでもゲルに住んでいる人は多い。低所得層が愛用しているという側面もあるが、高層集合住宅に入れないからではなく、あえてゲルに住むことを選ぶ人も多いようだ。日本で高層集合住宅でも畳の部屋をほしがることと似ているのかもしれない。**「家はこれに限る」というこだわりが、伝統的住居のデザインを維持し続ける力になる。**

# 形態へのこだわり

## ブリヤートのユルト（ロシア）

ロシア、シベリアのバイカル湖の南東部、ブリヤート共和国に住むブリヤート人はモンゴル系の人々である。そもそもモンゴル人の起源はバイカル湖周辺であり、モンゴル平原に移動していったと言われている。

この地域は農業と牧畜が両方行われていて、冬の住まいは典型的なロシア風の長方形平面の校倉造で、夏の間牧草地で暮らす家は校倉造のゲルになっている。モンゴルのゲルはこの付近ではユルトと呼ばれている。ユルトと呼ばれる移動式住居は西アジアの広い範囲で使われているが木造なのはここだけである。

屋根には白樺の皮を敷き、土を乗せて草を生やす。スカンディナヴィアと同じ葺き方。

この**校倉のユルトはフェルトでつくる本来のユルトとよく似た空間構成**をしていて、

このようにドームを構成する方法と４本柱を立てる方法がある。

隣に小部屋が接続することもあるが、入り口の開口は原則一ヵ所だ。壁は針葉樹の校倉で八角形になっている。内部は中央部に四本の柱を立てて角材を掛け渡して屋根とする場合と、周囲の壁をずらしながら積んでドームのようにして柱なしで済ませる方法とがある。いずれにせよ、中央部の床に炉があり、強い求心性をもつ空間のコンセプトはモンゴルのゲルとよく似ている。屋根は白樺の皮を敷いて防水し、土を乗せて草を生やすというスカンディナヴィアでよく見られる仕様もある。**材料も構造も**

**まったく違うのにシルエットはモンゴルのゲルそのもの**である。

現在ウランウデの博物館に保存されている校倉のユルトは十九世紀のものだが、当時フェルトのユルトも多く使われていたという。生活が遊牧だけでなくなってきて季節による移動が減ったことで、定住型の冬の家を設けるようになってきた。断熱性能や居住性という点から冬の家ではロシアの民家の形式をそのまま受け入れつつ、夏の家にはユルトの空間を求めている。生活は夏と冬で移動するが、家を移動するのではなく人が移動するようになった。そこでフェルトのユルトより耐久性があるものを求めたということかもしれない。**実用的な面でロシア風校倉を採用しながらユルトの空間を残しておきたい**と思ったのだろう。しかしこだわったのはフェルトの質感ではなく平面形状だったということだ。

ブリヤート人にとってはこのかたちが原風景らしく、最近新築されたものの中にも円形、八角形平面の建物がある。

フェルトのゲルの空間を木造に置き換えている。入り口が原則1カ所。

# 中間領域の継承

## ジロカストラの民家（アルバニア）

ギリシアの北、アドリア海に面したアルバニアはGDP上ヨーロッパ最貧国のひとつといわれているが、伝統的な民家の空間はとても豊かなものがある。十五世紀からの約四百年間オスマン帝国領であったことからイスラム教が定着し、民家の基本的な形態はオスマン建築の影響を色濃く受けている。一九四〇年代に共産主義国となり、宗教は禁止され、一九七〇年代末〜一九九〇年代まで鎖国状態になっていた。

ジロカストラの歴史地区は近くの町ベラートとともに世界遺産に登録されていて、

ジロカストラの民家は規模が大きな家が多く、どれもきれいに維持されている。

最上階の木造部分には気持ち良い半屋外空間がある。

山の上の城跡のふもとに市街地が広がっている。民家は十七〜十八世紀、オスマン帝国時代のものが多く約二百棟が保存されている。基本的な構成はブルガリアやマケドニアなどかつてオスマン帝国領だった地域に残る民家と共通している。石造の上に木造軸組造を載せる構法で塔を意味するクラと呼ばれている。急斜面に建つ家も多く、一階の背面は山に接していて、室内に井戸がありその部分が天然の冷蔵庫になっている家もある。石造部分は二層から三層に達し、木造階と合わせて五階建ての家もある。軒の出が深い緩い勾配の石葺き屋根を載せ、木造の大きな方杖が軒を支える。現在のトルコに残る民家と雰囲気は似ていて、特に床座の生活である室内の構成は同じである。オスマン建築の影響として男性専用の応接間があり、そこに来た来客の男性を隣室から女性が覗けるような小部屋が欄間に相当する部分に用意されている。しかしトルコの民家に比べると外部と内部の中間領域の扱いが異なっている。最上階では屋根付きの外部空間が大きく入り込んでいて、その中にもさらに小さなコーナーを設けて**見晴らしのよい快適な場**を用意している。

アルバニアは鎖国していたことで、ヨーロッパの多くの国の変化から遅れをとっていて、ジロカストラはさらに国内でも開発から取り残された土地である。しかし**空間の豊かさは経済とは別次元**にあることも多い。経済成長がほとんどなかった日本の江戸時代の生活が決して空間として貧しかったわけではないことと似ている。アルバニアの民家をつくってきた人々はその土地の地形や気候をそのまま受け入れ、その中で**快適で美しい場所を創出するセンスにあふれていた**といえる。

最上階だけが開放的につくられていることが多い。大きな軒を支える方杖が美しい。

# 石造への憧れ

## リュンディ（スイス）

スイス、ベルン近郊のエメンタール地方とジンメンタール地方の民家に**リュンディと呼ばれる木造の軒の装飾が見られる。**これは十六世紀末にベルン周辺で流行したものがこの地域に伝わって十八世紀後半から十九世紀にかけて流行したものだ。スイス全土に広がったわけではなく、地方色が濃い屋根形態である。

建築本体は校倉造や軸組造、落とし板造りなどの木造であることが多いのだが、石造もある。石造といっても屋根は木造なので、リュンディが付く部分の構造は変わらない。

曲面状に板張りをしている**リュンディはいわばハリボテ**で、その形は石造のアーチ

ラングナウの町ではリュンディが多く見られる。平側の軒の曲面が美しい。

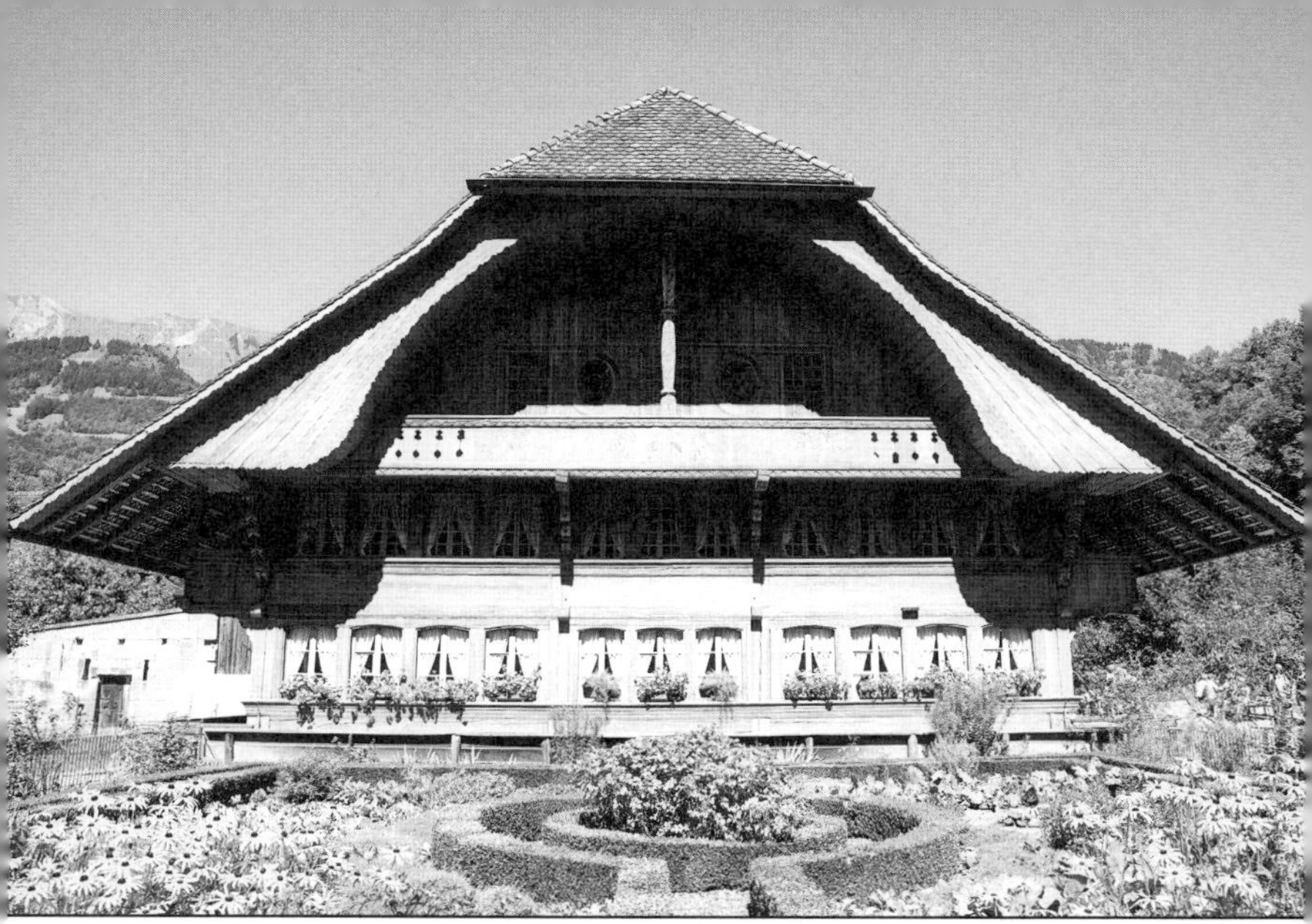

バレンベルク野外博物館に移築保存されている18世紀末の家。壁はグレーに塗られ、3階に並ぶ窓はすべて壁に描かれた絵。

を模していると考えられる。その機能は深い軒を支える軒桁を延長して壁面に現れた構造体を隠すカバーとしてデザインされている。別に隠す必要はなく、この構造が露出している民家も多く見られる。しかしここに何かカバーをしたいと思った人がいたことからはじまり、そのデザインに共感をもつ人がいたことで広がったのだろう。それをアーチ状の造形にしたのは**石造建築への憧れ**ではないだろうか。リュンディの起源はよくわかっていないのであくまで想像である。

スイスは石造文化圏と木造文化圏にまたがっていて、南部のイタリア語圏や南東部エンガディン地方では石造の民家が多い。

ブリエンツのバレンベルク野外博物館に移築保存されているベルン近郊、オスタームンディゲンの民家は一七九七年に建てられた大きな家だが、立派なリュンディが付いていて、壁はグレーに塗られている。しかも屋根裏部分の壁には石造のバロック建築のような楕円形の窓のだまし絵が描かれている。まさに石造風にしたかったのかもしれない。きっかけはそうだったかもしれないが、決して石造のコピーでも代用品でもなく、**独自のデザインとしてこの地方のアイデンティティー**になっている。

リュンディの内側にはこのように軒桁を延ばして屋根を支える構造が入っている。

ヨーロッパの建築界ではイタリアの石造文化の存在感はきわめて大きく、アルプスの北側ではイタリアを建築のお手本とすることは多かった。しかし憧れがあっても木造民家の石造化が進むのはずっと後で、リュンディの発生は外観をちょっと飾るときのデザインのヒントを石造に求めたということかもしれない。

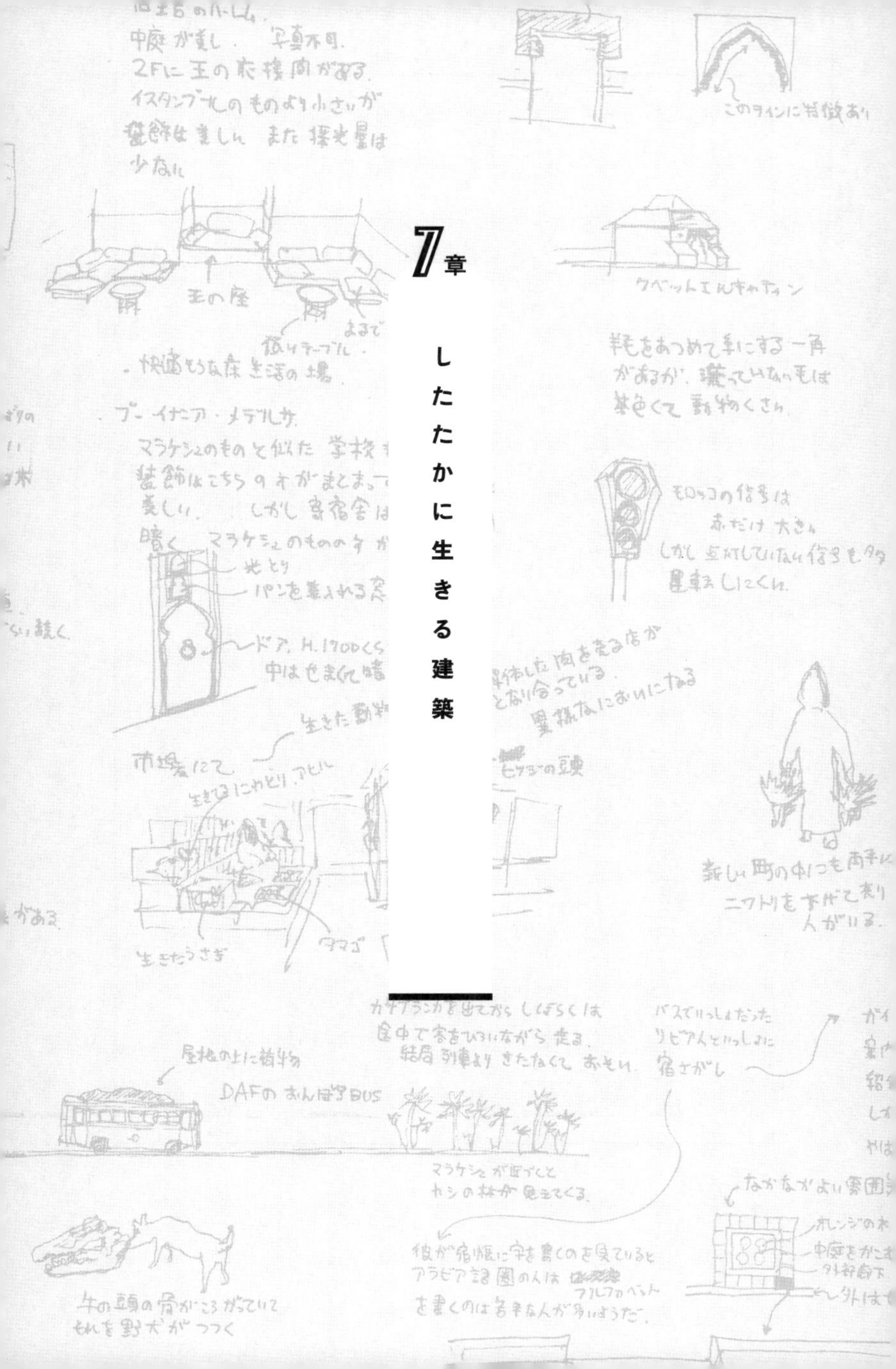

# 7章 したたかに生きる建築

建築はつくるだけでなく生き続けなければならない。かつては建築がその機能を終えたとき、簡単には壊されなかった。建築が物理的な寿命に達する前に壊されるようになったのは、経済性を重視するようになってからである。人の力をはるかに超える機械力が手に入って、壊して建てなおしたほうが安上がりになってからである。今までその機能を終えても用途を変えて使い倒される建築は数多く存在した。リノベーションやコンバージョンはごくあたりまえのデザイン手法として長い歴史があった。さまざまな規制や制約の中で工夫を重ねてきた。そこには何があろうと建築を生かし続けるという強い意志を感じるしたたかなデザインが存在する。

# 宮殿跡に住む

## スプリト（クロアチア）

古代ローマ皇帝ディオクレティアヌスは政治から引退する際、自身の故郷であるサロナの近くに隠居用の宮殿を造営した。イタリアからはアドリア海をはさんだ対岸、現在のクロアチアである。隠居用とはいっても城壁に囲まれた巨大な宮殿で、引退後ずっとここで暮らしていた。六三九年にサロナがアヴァール人とスラヴ人によって襲撃されると、大勢の住民がアドリア海の島々に逃げた。その後、本土に戻った人々は廃墟になった宮殿内に住み着くことになった。その際宮殿を破壊することなく、**構造物を利用して住宅にコンバージョンしていった。**

アドリア海から見たスプリト。

城壁の厚みの中にも住居がつくられている。

この地は東ローマ帝国領からクロアチア王国、ヴェネツィア、オーストリア帝国、ユーゴスラヴィアと政権は次々と変わるが重要な港湾都市として繁栄を続けた。

宮殿は正方形に近い平面で、海に面する南側半分がディオクレティアヌスの居住部分で、神殿、霊廟などがあり、北半分は使用人などの空間にあてられていた。四分割するように十字のストリートがあり、その両側には列柱廊があった。**幾何学的でわか**

**りやすくデザインされた宮殿**だったが次第に改造の手が加わり、混沌とした街並みになっていった。霊廟は後に教会になり鐘楼が付け加えられた。城壁の幅の中にも住居をつくっていった。しかし、柱やアーチなど遺跡の一部は残されていて、宮殿であった時代を偲ばせるものは数多く残っている。これは宮殿の価値を認めて保存しようとしたわけではなく、**そこまで壊さなくても居住スペースを得ることができる**、という程度の理由だったのだろう。意図的に残したのではなく残ったというべきかもしれない。**遺跡はかつて保存すべき対象ではなく、そこに住み着く人々のたくましさ、したたかさによって魅力的な環境を生み出してきた。**

世界遺産に登録されて以来、修復が進むが、後から増築された部分を撤去して宮殿の時代を復元する部分もある。しかしどこまでを残す価値があり、どこからが宮殿時代に戻すべきかその判断は難しいことだろう。

建築物の保存は当初の姿が最も尊いと思われることが多いが、この町の場合は人が住みついたプロセスがおもしろいのであり、**文化財として何に価値を見いだすかが問われている。**

かつての宮殿の壁が街路を横断する。

スケールの広場になっている。

# 円形闘技場跡に住む

## ルッカのピアッツァ・デル・アンフィテアトロ（イタリア）

イタリア、トスカーナ州のルッカにあるピアッツァ・デル・アンフィテアトロは**円形闘技場広場**という意味で、文字通り古代ローマ時代の円形闘技場だった。ローマのコロッセオに代表される闘技場は劇場ではなく、人間と猛獣、または人間同士が殺しあうのを観戦するエンターテイメントであり、各地に大小さまざまなものがつくられた。食糧と娯楽を与えて人々を政治的無関心状態に置くことを揶揄した**「パンとサーカス」**の、**まさにサー**

楕円形の広場。周囲の家は客席だった。広場としてつくられたわけではないのに、ちょうどよい

**カスの部分**であるが、帝政ローマ時代には推定されるものも含めて百六十三カ所の闘技場が存在し、現在も百八の遺構が確認されている。しかし、ローマ時代末期、キリスト教化とともに残酷な見世物が好まれなくなり、次第に無用の長物と化していった。円形闘技場とはいうが、その平面は楕円形で、現在原形が保存されていないものでも多くの闘技場跡はその**楕円形の痕跡が地図上で確認できる。**

ルッカの円形闘技場は二世紀初めにつくられ、六世紀中ごろには要塞に改造された。円形の堅固な構造物は要塞へとコンバージョンするにはちょ

円形闘技場は当初街の城壁の外側にあったが街の拡大とともに街区に飲み込まれるようになり、青果市場などを経て広場となった。

うどよかった。西暦一〇〇〇年ごろからは社会の安定とともに要塞の必要性が減少し、都市の発展にともない人が住み集合住宅のような状態になっていった。このころには主な表面の部材はほかの建築に転用するために持ち去られ、近くにあるサン・フレディアーノ聖堂や、サン・ピエトロ・ソマルディ教会の柱などに多数転用されている。それでも闘技場のシルエットをよく残していた。この住居化はここだけでなく各地の闘技場で行われ、ローマのコロッセオにも人が住んでいた時期があった。観客席部分が住居になり中央の舞台部分であるアレーナは庭園や、畑になっているケースと、アレーナ中央部にも家が建てられるケースがあったようだ。ルッカでは牢獄だった時代を経て中央のアレーナ部分が市場になっていた。楕円形の大きさはまったく別の理由で決められたのに、今ではちょうどよいスケールの広場として生き続けている。

建築のコンバージョンは最近の流行のように思われがちだが、はるか昔から想像もできないほど違う機能へのコンバージョンが頻繁に行われ続けてきた。むしろ現代の建築より**はるかに自由で持続可能であり、したたかな力強さがあった。**

外から見たところ。客席の下の構造だったアーチの痕跡が壁に埋まっている。

# 柱コレクション

## カイラワーンのシディ・ウクバ・モスク（チュニジア）

チュニジア北部の都市カイラワーン（ケルアン、カイロワンとも呼ばれる）は九世紀アグラブ朝の首都であり、当時は北アフリカの文化、経済の中心地であった。その地を代表するモスクであるシディ・ウクバ・モスクは単純にグラン・モスク（大モスク）とも呼ばれる。現在のモスクは八三六年につくられその後何度か改修が続けられてきた。

列柱が並ぶ礼拝空間はいかにもモスクらしいが、その中央に幅が広い通路があるところが特徴だ。通路がはじまる中庭側にドームがあり、中庭から見るとファサードに求心性がある。さらに奥のミフ

2本セットで並ぶ柱は遺跡から持ってきたものでそのデザインが異なる。

中庭から見たモスクのドーム。左に並ぶ列柱はみんな長さが違う。

ラーブ前にもドームがあり、最前列にも広い通路があり、T字形の通路になっている。中央通路の両側の柱は二本セットで並んでいることによって通路の重要性を強調し、まるで教会の身廊のように見える。このつくりは実際に教会の空間からの影響ではないかと思える。周辺にはビザンツ帝国時代のキリスト教の遺構があり、モスクという宗教建築のデザインをするときに神聖さを与えるために教会の空間を参考にしていたという可能性もありえる。

カイラワーンは北アフリカのイスラム圏にとって重要な都市で、各地から巡礼も集めている。このモスクに七回巡礼すると一回メッカに巡礼したことになるという由緒正しい一級品のモスクでありながら、**列柱に使われている柱はほとんど周辺の遺跡から勝手に持ってきたものである**。装飾も、石の色など材料もさまざまで、柱の長さも異なっている。それらを台座の高さを変えることで調整しながら中庭のまわりの列柱廊としている。外部の円柱は四角い柱の前面に立っているが、室内ではこの転用柱が直接アーチを支える主要な構造材になっている。似たかたちや似た色などへの配慮はまったくなく、二本セットになっている柱でもバラバラである。少しはどこに配置するかを考えればよさそうなものだが、きっとそれは重要ではなかったのだろう。

　実はこのモスク、**メッカの方角を間違えて建てられている**。方位はモスクにとって最も重要な設計条件だと思うが、こんなことがあるのだろうか。しかし、それに気づいても大改修することはなく方角が違うミフラーブに向かって毎日礼拝している。

教会の身廊のような中央通路。ここにはイスラム教徒以外は入れない。両側の柱は石の材質もバラバラ。

# リミックス建築

## アギオス・エレフテリオス（ギリシア）

アテネにある通称ミクリ・ミトロポリと呼ばれるこの教会は、元主教座教会であった由緒正しい教会である。当初の名前はパナギア・ゴルゴエピコスで、意味は**「祈りに迅速に答えてくれる聖なるマリア」という都合がいい名前**であった。一時放棄されていた時期があり、その後図書館として使われていたこともあり、一八六三年に教会として再スタートしている。場所はアテネ市街地の中心、パルテノン神殿のふもと、プラカ地区の近くで、周辺は飲食店なども多い地区だが、ミトロポレオス大聖堂の隣の木立の中に建つ。この教会はあまり観光客が訪れるところではない。

別の建物から持ってきた部材満載。

アクロポリスのふもとにある小さな教会。

アテネ観光といえば古代ギリシア遺跡に終始することが多いと思われるが、ビザンティン時代の遺構も多く、当時のままで現役の教会も数多く残っている。その多くは小ぶりで街角にひっそりと建っていることが多い。このアギオス・エレフテリオスもかつて主教座として重要な存在であったとは思えないほど小さな教会である。構成は典型的な集中式、ギリシア十字のクロスインスクエアタイプで正方形平面に十字架状に屋根がかかる。しかしこの教会の最大の特徴は**ほかの建築の遺跡から大理石のレリーフ**

**を集めて周囲に貼っていることだ。**古代ギリシア時代から十二～十三世紀までさまざまな時代の建築のパーツで覆われている。遺跡を保存するという感覚は近代に入ってからのもので、かつては遺跡から部材が勝手に持ち出されて柱など仕上げられた素材として使われることは多く、**遺跡＝建築用石材の供給場所**であった。これらの部材をスポリアと呼ぶが、名前がつくほど転用が普通に行われていた。

屋根の端部の材料の断面が違うのがよくわかる。

側扉の上に使われているのは紀元二～三世紀の「アッティカ公式祝祭カレンダー・フリーズ」で、キリスト教以前の古代のモチーフが数多く移植されている。カレンダー順に並んでいるので、単なる装飾ではなくレリーフがもつ意味も考慮して転用している。つまり建築の素材としてのリサイクル、リユースというより**リミックス建築**と呼んでもよいだろう。アギオス・エレフテリオスのエレフテリアは自由という意味で、文字通りなんとも自由なリミックス建築である。

# 遺跡の活用

## コルドバの柱（スペイン）

スペインのコルドバは古代ローマの属州ヒスパニア・バエティカの首都であったため、現在もローマ時代の遺跡が数多く残る。七五六年に後ウマイヤ朝の首都となったコルドバはメスキータ（モスク）を中心とするイスラム都市となった。現在のメスキータの姿は増築を重ねて巨大化した後、十五世紀のレコンキスタによってモスクの中央部に重ねるようにカトリック教会が埋め込まれ、上から封印されている。メスキータを特異な建築にしているのは**教会によって征服された建築**だからであり、多柱

メスキータ内部。整然と並ぶ列柱もよく見ると長さも素材もデザインもけっこう違う。

空間そのものは、典型的なモスクのデザインである。

メスキータ内部の列柱は、特にその古い部分に関しては一本ずつ柱のデザインが異なり、古代ローマの遺跡から持ち込まれた柱であることがわかる。アーチのデザインが揃っているのと、高さが異なる部分を台座などで調節しているため、異なる柱が並んでいることはなかなか気がつかない。十世紀以降に増築された新しい部分は柱として新造されているが、これは遺跡の転用がよくないと思うようになったからではなく、使えそうなちょうどよい柱がなくなっただけではないかと想像される。

下部をカットしたイオニア式の柱。

そのメスキータ近くの市街地、通称ユダヤ人街は路地が入り組んでいる。その曲がり角のコーナーの多くに石の柱が埋め込まれている。それらは明らかに遺跡から取ってきたものである。この地域の街並みがいつごろつくられたかわからないが、古代ローマ遺跡はイスラム時代、レコンキスタ後も含めて建材供給場所となっていた可能性が高い。

エンタシスもあるドリス式の柱。

柱頭や台座がしっかり残っているものもあるが、円柱だけのものもある。いずれにせよ、この家の角のために石を加工したものではなく、遺跡の柱を保存するなどという意識もない。長さはほとんどカットされていて、フルサイズで使われている柱はない。プロポーションは無視されているものがほとんどなので、装飾のためではなく、**ぶつかって壁が壊されないようにするコーナーガード**としての機能だけだ。

歴史的建築物を保存しようというのはごく最近の発想で、使わなくなった建築の一部を材料としてどんどん使っていた時代のほうが圧倒的に長い。**たくましくもしたたかな遺跡の利用法**である。

柱の中心を縮めて台座と柱頭を組み合わせる。

柱にはぶつかった傷跡があり、コーナーガードとして機能しているのがわかる。

崩れかけた柱頭に何か書いてある中心部を組み合わせる。

# 再利用満載

## コンスタンティヌス帝の凱旋門（フランス）

凱旋門といえばパリを思い出す人がほとんどだろう。有名なシャンゼリゼの突き当たりにあるエトワール凱旋門とともにルーヴル美術館の近くにあるカルーゼル凱旋門が、二大凱旋門と思われがちだが、そもそも十九世紀初めのフランスの凱旋門は古代ローマの凱旋門ブームのリバイバルであり、一八〇八年にできたカルーゼル凱旋門はローマのコンスタンティヌス帝の凱旋門とそっくりで、**今だったら訴えられるほどよく似ている。**

このコンスタンティヌス帝の凱旋門は高さ二十一メートル、幅二十五・七メートル、ローマ最大の大きさではあるが、また壮大なリミックス建築でもある。凱旋門の目的は戦勝記念などのモニュメントであるが、この凱旋門はコンスタンティヌス帝がマクセンティウスの軍団を破り、その記念として三一五年につくられた。しかしその装飾に使われている材料はそれ以前のローマのモニュメントから剝がして持ってきたもの満載で、表面の主な装飾はほとんど別の場所にあったものである。最上部のパネルは

パリ、カルーゼルの凱旋門（1808年）。約1500年後のコピー。

ローマ、コンスタンティヌス帝の凱旋門（315年）。こちらが元ネタ。とてもよく似ている。

マルクス・アウレリウス・アントニヌス帝時代、一七六年につくられた凱旋門から持ってきたもので、百年以上前のモニュメントから剝がしてきている。それに並ぶ彫像はトラヤヌスのフォルムからの転用、裏表計八枚ある円形のレリーフはハドリアヌス帝時代のもので、これも百数十年前のもの、裏表八本あるメインの柱も由来は不明であるが、それぞれ石の材質が異なり、どこかからの転用材であるらしい。アポロ神やヘラクレス神など神の姿のレリーフはまだわかるが、別の皇帝の出撃シーンなどを転用してしまってよいのだろうか。特にモニュメントとして建てるのにこれほどまでに**再利用満載**でよいのだろうか。工期やコストの制限があったのだろうか。記念碑というのは外観すべてに特別な意味がありそうなものだが、どのような感覚でつくっていたのか不思議である。

コンスタンティヌス帝の凱旋門の側面。モニュメントはその表面の造形に重要な意味がありそうだが、そこはどうでもよかったのか。

そもそもこれは別の凱旋門のリノベーションで、オリジナルは二世紀の建築であったという説が近年出てきている。リノベーション+リミックスとなると間に合わせの建築に思えてしまうが、それを感じさせないデザインになっている。しかもそれが**約千五百年後にパリでコピーされるとは、したたかに生き続けるデザイン**である。

# 節税のデザイン

## カイロのつくりかけの家（エジプト）

エジプトの首都カイロの郊外に増え続ける集合住宅はある共通した景観をもたらしている。ほとんどの家が途中で建築をやめてしまったかのように、つくりかけの姿をさらしているのである。RC造で柱と梁をつくり、その間に中空のレンガブロックを積むという工法で、世界の各地で一般的に見られる構造である。

カイロの郊外で見られるこの工法の集合住宅では、多くの場合その最上階の柱は鉄筋が露出したままで終わっている。実際に工事中の家もあるが、多くはすでに居住している。これは課税が竣工と同

カイロ郊外の集合住宅。背景はギザのピラミッド。

実際につくりかけの家もあるが、すでに住んでいる家も多い。

時にはじまるのであって、居住開始と同時ではないというところを利用して、住んでいるがまだ完成はしていないという状態を演出しているとのことだ。露出した鉄筋は当然錆びるが乾燥した土地なので、大きな問題にはならないのだろう。

古来多くの土地で建築には税金がかけられてきた。平等に課税するためには家の大小によって税率を変えることが必要で、その大小を何で測るかが土地によって、また時代によって変わってきた。そして人々は税金が少なくなるようなかたちでこれに応えてきた。床面積や間口、材料など、それら**課税対象の大きさを操作すること**が**その土地の建築のスタイルを決め、町並みの景観を決めてきた。**京都の町屋では間口の幅に税金を課したため幅に対して奥行きの長い家にすることで課税を減らしてきた歴史がある。ドイツの町屋では一階の床面積に課税していたため二階、三階を少しずつ張り出してわずかでも多くの面積を得ようとしてきた。しかしいずれも今となっては統一感のある美しい町並みの形成に寄与しているといえる。美観のためなどというのは最近の発想で、**規制から逃れることが景観を決める要因になっていることのほうが多かった。**どんな町並みでも時間がたてば、それだけの間そこに存在し続けたというだけで歴史的価値が出てくるともいえる。この現象は**現代のヴァナキュラー建築**でもあり、景観や町並みのありかたについて考えさせられる。ところが二〇〇八年の不動産法の改正で工事中から課税されるようになった。二〇二一年現在まだつくりかけの家は見られるが、近い将来消えてしまうであろう**期間限定の景観**である。

さすがに高層住宅はつくりかけではないが、手前には上に延びそうな柱が並んでいる。

# 沈みゆく家

## イルクーツクの町並み（ロシア）

ロシアの伝統的民家はほとんどが針葉樹の校倉造である。モスクワのような大都市でも長い間木造建築が主流であった。シベリアのイルクーツクは十七世紀半ばに毛皮を採るための宿営地がベースとなって都市が生まれた。その後交易都市として栄え、シベリア鉄道上も重要な拠点となり都市化するが、現在でも多くの木造民家が残っている。

木造の都市は絶えず火災の危険があり、イルクーツクでは一八七九年の大火で街の多くの部分を失っている。現在でも火災は多いようで、訪問時にも数日前に燃えたような焼け跡があった。

日本ではコンクリート造などの重い建築は支持地盤まで杭や基礎が到達しなくては

1階が半分沈んでしまった家。

かなり沈んだ家。１階は半地下になりつつある。窓上の装飾が美しい。

ならないが木造建築の基礎は地表にそっと乗っているだけである。かつては束石の上に乗るだけで固定さえされていなかった。しかし深い杭を打ったところで地球の直径から考えれば地表に乗っているだけともいえる。そして建築物の寿命は長くても地球の歴史からすれば仮設建築のようなものである。**ちょっと住む場所を地表に置かせてもらう**だけである。イルクーツクの木造民家は重そうな校倉造の壁ではあるが**地球に対するあり方は身軽さを見せている。**シベリアは永久凍土の地域が多く、木造建築が並んでいる街並みの直下は永久凍土である。永久といっても夏は多少氷が解けて**家は自重で土の中に沈んでいく**。よく水平のまま沈むものだと思うが、古い家はみんな地中に沈んでいて窓が低い。室内では一階の床が地盤面より下がる。ある程度沈むと一階は地下となり使用されなくなる。そのため玄関を付け直している家もある。どこまで沈んでいるかで家の古さがわかる。またロシアの民家の特徴として窓の上の装飾がある。これはセトリングスペースといって、壁の木材が自重で下がってきたとき少しずつ高さが下がることで窓をつぶすのをふせぐための隙間を設け、その隙間を隠すための部分を装飾としているものである。窓の上の装飾と縦長の大きな窓、それが沈下によって異常に腰が低い窓となり、その並びが美しい町並み景観を生み出している。しかしそれは意図的につくられた姿ではなく**大きな力で地中に沈んでいく途中の姿**である。温暖化が進むのが心配である。

窓辺の植物を見るとここまで沈んでもまだがんばっている。

# 防災のデザイン

## 土蔵

東日本大震災の津波被災地である大槌町で何もなくなった土地に土蔵が残っているのを見た。大津波でほとんどの木造家屋は流され、残った鉄骨造の家はその直後の火災で全焼してしまった地区である。屋根が焼け落ちた土蔵は痛々しい姿だが、よく見ると土蔵本来の使命を全うしたともいえる。

津波の水圧で破壊された地域もあるだろうが、映像を見る限り、多くは床下に入った水の浮力で家を基礎からはがし、船のように家のかたちのまま流してしまったようだ。魚市場の上屋のような床の無い木造建築で流されなかった例もあるようだ。土蔵は床下換気口がある場合でも閉じることができて床下には浸水しにくい。またある程度重さもあって津波でも流されなかった土蔵は多い。

岩手県大槌町の被災した土蔵。周囲の家は津波で流された。

土蔵の構造は木造でその外側に土壁を塗っているが、外部に構造体としての木は露出していない。**土壁は火には強いが雨には弱い**。屋根との間に隙間を開けた置き屋根の場合は、土で仕上げた上に置いているだけである。下見板張りの外壁パネルは鉄製の折れ釘に掛けている。つまり、柱梁など構造体と屋根や外壁の板は壁土で縁が切れている。外部に露出している木部が全焼しても構造体には延焼しない造りになっている。窓をしっかり閉じていれば火災から守ることはできる。その窓も階段状の合わせで火が入らないようにした上でさらに土で隙間をふさいでいた。店蔵などではそのための壁土を入れておく箱が屋根に乗っていて、火事になると出入りの左官屋さんが土を塗りに駆けつけてくれたようだ。

かつて竜吐水と呼ばれる手動の消火ポンプがあったが、能力には限界があり、ひとたび火事になったら土蔵を密封して逃げるしかなかった。第二次世界大戦の空襲で焼け野原になった街に土蔵が点々と残っている写真を見る。

木造部分が燃えても中身を守る、いわば**ぎりぎりの防災デザイン**である。しかし土蔵には風格があり、防災という機能のための仕様でありながら**「防災のためなのでしかたがない」建築ではなく、美しさと風格**がある。津波被災想定地域で増えている巨大な防波堤や津波避難タワーに対して美しさを意識する日は来るのだろうか。

千葉県香取市の土蔵。土壁を雨から守る板のパネルは構造体とはつながっていない。

奈良県奈良市の土蔵。土蔵は防災のための建築だが、外観の表情もデザインされている。

岩手県遠野市の土蔵。土壁は火には強いが水には弱い。雨が漏りはじめると寿命を縮める。

# 地震とつき合う

## ニアス島の高床式民家（インドネシア）

インドネシア、スマトラ島の西にあるニアス島周辺は地震多発地である。

ニアス島中部、グヌンシトリ近郊、シワヒリ村の民家は上に向かって少し開いた楕円形平面をもつ高床式で、床下には太い斜め材が多数見られる。一見筋かいのように見えるが、柱の根元とはつながっていない。これでは筋かいとして働かない。しかしよく見るとこの斜め材は意図的に柱とはつなげていない。

ニアス島中部の民家　楕円形平面の高床。

斜め材の上には石の重しを乗せることで地面に押しつけていて、その礎石

ニアス島南部バウォマタルオの民家　地震多発地であるが集落が山頂にあることで津波の被害は皆無。

はすべて柱の礎石と離れている。これは筋かいではなく、免震装置なのではないかと思える。つまり限界を越えた力がかかると斜め材の足元にある礎石が土の上をすべり、ゆっくりとブレーキをかける。最後まで原型を保とうとするのではなく、**傾くことは許容しても崩壊を防ぎ、少なくとも人をつぶさない**。自然界の力に勝つのが目標ではなく、段階的な逃げを用意しているように思える。

ニアス島南部の民家は中部とはまったく異なり、隣家と接した独特な集落を構成している。多くの集落が高い丘の上にある。外敵から守るためということも考えられるが、津波対策でもある。度々大きな地震と津波に襲われているが、低地や海岸にある新しい建物に比べると丘の上の集落の被害は少なかった。また中央には広場のような道がある。集落へのアプローチは最後が階段になっているため、この広場には車が入れない。各住居前のプライベートなゾーンと中央のパブリックなゾーンが緩やかにつながっていて、実に心地よい空間になっている。この空間は防災広場なのだろうか。

ニアス島南部の民家　右端に見えるのが隣家につながる扉。日差しを遮り、風を入れる快適な空間。

これだけの広さがあれば、住民すべてが避難できる。また長屋のように連続する町並みでは隣家との間に普段は開けない扉がある。まるで非常用通路である。ここを開ければ家から家へ、集落の端から端まで通り抜けられる。

この村では衛星放送のパラボラアンテナが並んでいるしスマホも普及しているが冷蔵庫はほとんどない。これは停電が多いからで、おかげで食材の保存方法など伝統的な食生活が生きているが、それがかえってう

ニアス島中部の民家の床下　地震時にブレーキをかける斜め材に石の重しを乗せている。

らやましい。
人間は地震や津波に打ち勝つのではなく、それらと無理なくつき合うことのほうが自然な生き方なのかもしれない。

ニアス島中部の民家　壁が上に開いているのも地震による変形を防ぐために有効。

# 地下に住む

## マトマタ（チュニジア）

マトマタはチュニジア南部にある地中で暮らす集落で、主にベルベル人が生活してきた地域である。十二、三世紀に侵攻してきたアラブ人に追われて山中に移動したが平穏な時代になって標高五百メートルほどのこの平地に戻ったときにはじまった住み方のようで、同時にアラブ人との混血も進んでいった。そのときにだれかがこの住み方を思いつき、一斉に広がったのだろう。山地で崖に横穴を掘っていた人たちが平地に来て横穴を掘れなくなり、まず竪穴を掘ってから横に広げる方法を考えたのかもしれない。その理由は地上の砂嵐を避けるためとも、地

集落の景観。地上を歩いているかぎりここに人が住んでいるようには見えない。

中庭に面して各部屋の入り口が並ぶ。中庭と部屋は段差があったり、中庭の周囲を掘り残してベンチにしたりする。

下の方が快適な湿度だからともいわれる。手彫りがしやすいのに崩落しにくいという地質にも関係している。また建築材料として一般的な木材も大きな石も手に入りにくいこともある。いずれもこの地域に共通する問題であるが周辺の集落がすべてこのかたちというわけではない。

マトマタの住居はまず中央に直径および深さ十メートル程度の竪穴を掘り、円筒形の中庭とし、そこからいくつかの横穴を掘り、各居室とする。つまり一戸あたりの平面は中庭を中心に放射状に部屋が並ぶことになる。起伏が大きいところでは横穴の部屋の下に隣家の部屋が重なることがある。また入り口は上から入るのではなく、斜面からトンネル状の通路を掘って中庭にアクセスする。部屋はすべて地中となるが、乾燥している土地なので、日射が遮られ、地上よりむしろ適度な湿度が保たれ、快適な空間となる。また冬場は地上より温度が下がらず保温性がすぐれている。

マトマタには街路と呼べるものはなく、地上を歩いているかぎり家は見えない。かなり不思議な住居に見えるが、その土地の特性を活かしたきわめて合理的で無理が無い快適な住まいである。

入り口近くの部屋。壁面の装飾もレリーフ状に彫り残してつくる。

マトマタも含めてこの地域は映画「スター・ウォーズ」のロケ地になっている。SF映画で登場する建築や景観はまったくありえないものではなくどこかに実在するものがモデルになることが多い。世界の多くの人は遠い星のできごとであるという前提で見ている景観が、チュニジア出身の人にとっては懐かしい田舎の風景であるところが面白い。変わった建築でもそこでずっと暮らす人にとっては当たり前の存在である。

# 短寿命のデザイン

## ヴェトナム少数民族の集会所（ヴェトナム）

ヴェトナムの中部山岳地帯に住む少数民族の人々に共通の建築にニャーロンと呼ばれる集会所がある。ニャーロンは集落内の集会場である。また集落外から来た人の臨時の宿泊所であり、祭りなどの儀式の場である。大きな屋根は土着のアニミズムから来ていて、大地と空を結ぶものという発想があるが、現在この地域はキリスト教でニャーロン内には宗教施設はなく、**いわば多目的ホール**である。

ニャーロンはいずれも高床で屋根が大きいが、民族によってデザインが異なり、バナ族のものは特に高く、サドラ族のものは幅が広い。し

コンビル村のサドラ族のニャーロン　幅が広く、入り口は両側の妻面。

かし、集落の民家が高床であるかどうかに関係なくニャーロンは常に高床である。

ニャーロンは十年から十二年に一度建て替えられている。この建て替えはすべての部材を新しくする場合もあるが、太い材で傷んでいないものはそのまま利用したり、柱を継いで使用したりしている例もある。式年造替のようなすべてを一新することに意味があるわけではない。床、壁、など竹を使用している部分の寿命は当然短い。茅葺屋根は日本の民家のような厚さをもたせればもう少し寿命が延びるが、屋根はきわ

バナ族のニャーロン内部　光と風は入るが外部を見るような窓はない。

コンジュリ村のバナ族の集会所　屋根は高いが屋根葺き材は薄い。

めて薄い。基本的な形態は同じでも装飾など細部は必ずしもまったく同じように建て替えられているとは限らない。村落内での場所や向きを変えて建て替えることもある。シンボルとしての建築を維持するために、長寿命化ではなく定期的に建て替えるという選択をしているとも考えられるが、そもそも**建築の寿命は短いものという意識が**あり、長寿命化という選択肢はなかったのかもしれない。

ニャーロンをもつ少数民族はほとんどがかつて焼畑をしていた。一定の土地を順番に耕作すると村ごと移動することになるその周期が十年前後で、村の建築すべてがそれ以上の寿命をもつ必要がなかった。その習慣が定住化しても長寿命化に移行させなかったのではないだろうか。集落のシンボルとして、空と大地をつなぐものとして巨大な屋根でなくてはならないという壮大な発想でつくられていたとしても、建築の寿命とは関係なかったようだ。この伝統を保存するには**建築物を保存するのではなく短期間で建て替えるという行為自体を保存**する必要がありそうだ。

ダックワク村のジェイ族のニャーロン　床も壁も竹を編んでいる。

# 長生きする建築

## カルパティア山脈西部の木造教会

ポーランド南部からスロヴァキア北部にかけてカルパティア山脈の北西地域は、多くの異民族が侵入した地域であった。現在この地方はヨーロッパで最も木造教会が多く残されていて、その数は二百以上にのぼる。この山岳地域に人口に比べてあまりに立派な木造教会が集中する理由は、中世以降領土的にも宗教的にも不安定で、どの宗派も布教活動のために財政面でも積極的な援助を惜しまなかったからである。現在の宗派は西部がローマカトリック、東部がロシア正教とルーマニア正教、そこに反宗教改革に抵抗して残ったルーテル派の教会が散在するという構成になっている。つまり隣り合う村同士で宗派が異なることもあるし、布教合戦によって宗派を変えた村もあった。しかし、人口と宗派の数を考えると、教会をつくっていた大工が必ずしもその宗派であったとは限らない。もちろん宗派によって内部の空間構成は異なるが、そ

デンブノの聖ミカエル大天使教会（15世紀、ポーランド）

れを越えて似た雰囲気の教会が多数あるのは大工が宗派を越えて仕事をしていたからではないかと想像される。その後社会主義時代に新しい教会が増えなかったために、世界遺産に指定されるようなレベルの建築が多数残ることになった。

もう少し東、ウクライナやロシアでは民家も教会も校倉造だが、この

ポトキの聖パラスキエヴァ教会
（18世紀、スロヴァキア）

地域では民家がすべて校倉造であるのに対し、教会の多くは柱梁構造になっている。外壁と屋根材は板張りで、特に大きな屋根は小さな板を瓦状に葺いたシングル葺きが多い。しかし訪れてみると、真新しい板を張ったものが多いのに驚く。新築されたものも若干あるが、ほとんどは通常のメンテナンスとして外壁と屋根を張り替えているためである。つまり数百年前の建築といっても外壁材は二十〜三十年に一度そっくり替えて**定期的に若返る工事**が行われている。風雨にさらされる木材が傷むのは当然で、人の手が入らなければ簡単に朽ち果ててしまう。それでも金属板に葺き替えたりせずに板葺屋根を守っている。これらの教会は、**維持する人々が居て初めて成立する。**それぞれの部材の寿命に応じて交換するサイクルを決めて面倒を見ていく、サステナブルデザインの見本ともいえる。**長持ちしないが長生きする建築**である。

ザコパネのチェストホヴァの聖母教会（19世紀、ポーランド）

ウォプシュナの聖三位一体教会（15世紀、ポーランド）

# 土に還る家

## ブータンの民家（ブータン）

ブータンの民家は土と木でできている。一階は版築という構造で、その土地でとれた土にワラを混ぜてこね、型枠の内側に積んで突き固めていく。芯は土だけで何も入っていない。その土壁の上に直に根太を並べ、床板を張る。二階は木造の柱と梁による軸組構造、屋根は浮いていて小屋裏には壁がなく、食糧などを乾燥させたりする作業スペースとして使われている。屋根は板葺き石置き屋根である。同じ勾配のまま波型鉄板や天然スレートに葺き替えられた家もある。屋根の中央にはダルシンと呼ばれる幟が立っている。布に経文が木版でプリントされていて、

大きな板葺石置き屋根と深い軒。

中央は土に還りつつある放棄された家の壁。左下は最近建った家。

**風が読経してくれているというありがたいもの**で、家の屋根に立つ場合はその家の世帯数を示している。風に吹かれ続けているのですぐ傷むが、村の雑貨屋でロール状のものを必要な長さだけ購入できる。

板葺き石置き屋根や水田の向こうに雪山が見える農村景観は長野県のようだが、人口が多いのは標高二千メートルほどの地域で、遠くに見える雪山は七千メートル級のヒマラヤだ。雨が降る地域なので屋根板の寿命は長くはない。しかし住民の手によって簡単に葺き替えが可能である。人が住んでいるかぎり、屋根が板葺きであってもメンテナンスされるので、家は長生きする。

築百年を越す家も残っている。しかし人が住まなくなるとまず屋根が腐る。屋根板がなくなると二階の木造部分が雨にさらされ、太い柱もやがて腐る。二階がすべてなくなると、一階の土壁が雨にさらされる。もともと土を固めたものなのでやがて崩れ落ちる。土の山になりつつある廃墟をよく見かける。この土地でとれた土でつくられた家は、放置されても、この地の土に還る。その土で再び壁がつくられる。ブータンは法的な規制もあって伝統的な民家ばかりだが、形は伝統的でも、なかには最近新築された家もある。それだけに捨てられた家もよく見かける。最近までガラスもプラスティックも使われていなかったので家が捨てられても産業廃棄物にはならない。**究極のリサイクルデザイン**である。チベット仏教の信仰が厚いこの地では輪廻転生と言ったほうが似合うかもしれない。**何かを学ぶことはできても、そこに到達することはなかなかできないデザイン**である。

白壁の部分が版築。大きな家は繊細な彩色が施される。

# 参考文献

鈴木博之編『図説年表　西洋建築の歴史』彰国社、1998年
建築史編集委員会『コンパクト版建築史　日本・西洋』彰国社、2015年
太田博太郎編『日本建築史基礎資料集成4　仏堂Ⅰ』中央公論美術出版、1981年
太田博太郎編『日本建築史基礎資料集成1　社殿Ⅰ』中央公論美術出版、1998年
太田博太郎編『日本建築史基礎資料集成16　書院Ⅰ』中央公論美術出版、1971年
青木淳＋後藤治＋田中禎彦＋西和夫＋西沢大良著『日本の建築空間』新建築2005年11月臨時増刊、新建築社、2005年
宮元健次著『図説　日本建築のみかた』学芸出版社、2001年
太田邦夫著『工匠たちの技と知恵—世界の住まいにみる』学芸出版社、2007年
太田邦夫著『木のヨーロッパ—建築とまち歩きの事典』彰国社、2015年
前川道郎著『ゴシックということ』学芸出版社、1992年
神谷武夫著『インド建築案内』TOTO出版、1996年
アンリ・ステアリン著、鈴木博之訳『図集世界の建築』上・下、鹿島出版会、1979年
リシャット・ムラギルディン著『ロシア建築案内』TOTO出版、2002年
中川武編『日本建築みどころ事典』東京堂出版、1990年
西田正嗣編『カラー版　図説　西洋建築の歴史』学芸出版社、2022年
太田博太郎、藤井恵介監修『増補新装　カラー版　日本建築様式史』美術出版社、2010年
ヴァフタング・ベリゼ、藤田康仁他『ジョージアの歴史建築　カフカースのキリスト教建築美術』彩流社、2018年
中国古鎮遊編集部編『中国・江南　日本人の知らない秘密の街・幻影の村34』地球の歩き方Books、ダイヤモンド社、2006年
アンリ・スチールラン著、神谷武夫訳『イスラムの建築文化』原書房、1990年
深見奈緒子著、新井勇治、川本智史、宍戸克実、西村弘代著『イスラム建築がおもしろい』彰国社、2010年
木島安史著『カイロの邸宅』建築巡礼14、丸善、1990年

## あとがき

この本に登場する建築はすべて私の目で見て体験したものです。ここでは建築家の作品としてその設計論、作家論が語りつくされているものはあえてとりあげていません。歴史的な重要性は無視して、興味をもったものを対等に並べたうえで構成しています。

この本は建築史の教科書でも論文でもありませんし、私の個人的な妄想や推論も多少含まれています。間違いがあったらご指摘をお願いします。しかしこんな視点で見ると歴史的建築物も急に身近なものに見えてくると思います。

二〇二四年　一月

岸本　章

## 岸本 章（きしもと　あきら）

1956年　東京都生まれ
1979年　多摩美術大学美術学部建築科卒業
1982年　東京藝術大学美術学部大学院修了
1982～1985年　山下和正建築研究所
1986年～　岸本章設計所設立
多摩美術大学建築科非常勤講師、多摩美術大学環境デザイン学科助教授、准教授を経て
2008年　多摩美術大学環境デザイン学科教授
現在に至る
一級建築士、日本民俗建築学会理事、日本建築学会会員、道具学会会員。


**主な著書**

『空間作法のフィールドノート』(共著) 彰国社、1989年
『住の民俗事典』(共著、柊風社、2019年)
『世界の民家園ー移築保存型野外博物館のデザインー』鹿島出版会、2012年
『日本の生活環境文化大事典』(共著) 柏書房、2010年
『古レールの駅デザイン図鑑』鹿島出版会、2009年
『民家を知る旅』(共著) 彰国社、2020年

# 美大の先生と巡る世界と地球の建築
## デザインから読みなおす歴史と環境


2024年 2 月10日　第 1 版　発　行

著作権者との協定により検印省略

著　者　岸　本　章
発行者　下　出　雅　徳
発行所　株式会社　彰　国　社
162-0067　東京都新宿区富久町8-21
電　話　03-3359-3231(大代表)
振替口座　00160-2-173401

自然科学書協会会員
工学書協会会員

Printed in Japan





印刷：壮光舎印刷　製本：ブロケード

ISBN 978-4-395-32203-9　C3052　https://www.shokokusha.co.jp